BRUNOY ET SES ENVIRONS.

ITINÉRAIRE

du chemin de fer de Lyon

DE PARIS A SENS.

Corbeil, imprimerie de Crété.

BRUNOY ET SES ENVIRONS.

ITINÉRAIRE

DU CHEMIN DE FER DE LYON

DE PARIS A SENS

PAR

A. JEANNEST-SAINT-HILAIRE,

MAIRE DE BRUNOY,

RAPPORTEUR DU COMITÉ CENTRAL DES NOTAIRES DES DÉPARTEMENTS.

« Quà pinus ingens, albaque populus
« Umbram hospitalem consociare amant
« Ramis, et obliquo laborat
« Lympha fugax trepidare rivo.

(HORACE, liv. 2, od. 3.)

PARIS

MARTINON, LIBRAIRE-ÉDITEUR,

RUE DU COQ SAINT-HONORÉ, 4.

1849

AVANT-PROPOS.

J'ai voulu profiter des loisirs que m'a faits la République (1), pour rechercher l'origine et tracer l'histoire du pays que j'habite depuis vingt ans. Délicieuse vallée plus ombreuse que Tempé, plus fraîche que Tibur, plus peuplée de gracieuses villas, de somptueux châteaux que Tivoli, que l'antique Caprée! comme ces lieux célèbres, elle mériterait de sortir de son obscurité. Je voudrais la faire connaître de Paris, la Rome moderne; que n'ai-je pour cela les pinceaux de Virgile, les doux accords d'Horace.

J'aurai fait un mauvais livre, quand il en existe tant de bons, c'est un tort.

Si du moins mon modeste travail peut procurer quelques moments de plaisir à mes concitoyens, guider leurs promenades, peupler de quelques souve-

---

(1) Dirai-je : *Deus hæc otia fecit?*

nirs, les lieux qu'ils visitent dans leurs pérégrinations champêtres, j'aurai atteint mon but, je me serai, quoi qu'il en soit, procuré quelques jouissances studieuses.

On me reprochera d'avoir choisi un sujet trop peu digne d'un homme sérieux, Châteaubriand a dit quelque part : « *à petit oiseau, petit nid ;* » je m'applique le mot.

Je me permettrai, sans doute, bien des digressions, qu'on me les pardonne, je n'entends pas faire un livre didactique, j'écrirai comme les sujets se présenteront, comme ma plume me conduira.

Enfin à ceux qui après m'avoir lu, trouveraient que mon livre n'est bon à rien, je recommanderais ce passage de Rabelais.

« Aultres sont par le monde qui estant grande-
« ment affligés du mal de dens, après auoir tous
« leurs biens despendu (1) en medicins sans en rien
« prouficter, n'ont trouué remède plus expédient que
« de mettre lesdictes chronicques entre deux beaux
« linges bien chaulds et les appliquer au lieu de la
« douleur, les *sinnapizant auecques ung* peu de
« poudre d'Oribus » (2).

Je dois à mon ami, M. Emile Agnel, quelques-uns des documents archéologiques dont j'ai fait usage, il a bien voulu me les sacrifier, mes lecteurs regretteront, sans doute, qu'il ne les ait pas lui même mis en œuvre.

(1) Dépensé.
(2) *Pantagruel*, liv. II, page 108.

BRUNOY ET SES ENVIRONS.

CHAPITRE PREMIER.

ORIGINE DE BRUNOY.

L'abbé Lebeuf (1), affirme que Brunoy est d'une haute antiquité, il en serait déjà question dans les monuments de Saint-Denis au viie siècle; le livre des gestes de Dagobert, composé par un moine du monastère de Saint-Denis, constate que ce roi n'oublia pas son patron particulier Saint-Denis, et qu'il lui légua, par son testament, peu de temps avant sa mort, arrivée en 638, partie de la seigneurie de Brunoy, *villam nomine Brunadum in Bregio* (Brunoy en Brie).

Cette terre passa du chapitre de Saint-Denis au

---

(1) *Environs de Paris*, par l'abbé Lebeuf, tome XIII, p. 331.

prieuré d'Essonnes qui, en 1598, la vendit à Christophe de Lannoy, déjà seigneur d'une partie de Brunoy.

Il paraît certain que les rois de France conservèrent longtemps une autre partie de cette seigneurie, et notamment les forêts qui enclavent son territoire ; ils y possédèrent longtemps un château royal, ou tout au moins un rendez-vous de chasse (1). Philippe de Valois y séjourna quelque temps, en 1346 ; il y donna le 25 mai, un édit portant règlement pour les eaux et forêts (2).

Quelle pouvait être la situation du château ?

Quelques-uns l'ont placé à l'endroit où se trouve la maison de campagne de M. Hulot.

Les faits contredisent cette hypothèse, puisque dès 1411, Artus de Braye, seigneur de Corbeil, possédait ce dernier domaine, du chef de Jeanne de Gaillonel qui le tenait elle-même du baron Jean de Gaillonel, son père.

Cet emplacement eût été d'ailleurs mal choisi, il est dominé par les deux coteaux, la rivière n'aurait pu lui servir de défense, puisqu'en coupant les digues des moulins inférieurs, on eût pu la mettre presque à sec, il était trop au milieu du village, aucunes traces de fortifications ne s'y font d'ailleurs remarquer.

(1) Abbé Lebeuf.
(2) *Collection des ordonnances* d'Isambert, t. IV, p. 522.

D'autres ont vu les restes de ce château royal, dans la tour de Ganne à l'entrée de la forêt de Senart, à environ 100 mètres des murs du parc de M. Adeline; le dernier pan de cette tour s'est écroulé en 1838, ses ruines se voient encore à gauche, sur le bord de la route de la tour de Ganne.

J'ai fait quelques recherches à cet égard, et, bien que le terrain qui avoisine ces ruines soit très-accidenté, et que les habitants aient cru y reconnaître des traces d'anciennes constructions, telles que tuileaux, grès, pierres taillées et même les ruines d'un ancien puits, je n'ai jamais rien vu de semblable; la terre est sablonneuse, des fouilles pratiquées en plusieurs endroits n'ont rien produit, les décombres de la tour n'annoncent d'ailleurs rien d'antique, le plâtre s'y mêle à un mortier tout moderne.

Mon opinion est que les ruines qu'on trouve sur la gauche du pavé de l'abbaye au lieu dit les Bâtiments, peuvent être celles du château royal de Brunoy.

Leur importance, l'épaisseur des murs d'enceinte que les propriétaires actuels du sol démolissent chaque année, la surface qu'elles occupent (près de 4 hectares), l'énorme dimension des bois de construction, parfaitement conservés, que quelquefois les fouilles en arrachent, tout indique un château fort de premier rang.

L'emplacement en était admirablement choisi, il dominait toute la vallée, rien ne le commandait.

Il est fâcheux que des fouilles régulières ne soient pas dirigées sur ce point.

En 1709, Brunoy n'avait que soixante-dix feux, ce qui suppose une population de 300 âmes au plus (1).

En 1715, Doisy en indique 78.

En 1736, il avait 349 habitants.

Le dernier dénombrement indique 1200 habitants, sans la population bourgeoise.

---

(1) Dénombrement des feux de l'élection de Paris.

CHAPITRE II.

DESCRIPTION DE L'ANCIEN CHATEAU SEIGNEURIAL DE BRUNOY.

Quoi qu'il en soit de l'ancien château royal de Brunoy, qu'il ait réellement existé ou qu'il faille le reléguer au rang des chimères, nous allons donner une faible idée de celui que MM. Pâris de Montmartel, père et fils, acquirent et embellirent successivement, de celui, sur les ruines duquel M. Hulot a construit sa maison de campagne.

Le corps principal se composait d'un vaste pavillon bâti en pierres et briques, comme celui de La Grange, à Yerres; il contenait cinquante appartements de maîtres, une tourelle faisant avant-corps du côté de la rivière servait de chapelle.

Sur la gauche du pavillon principal, et contre l'Yères, se trouvait un bâtiment servant de logement au jeune marquis de Brunoy et à son gouverneur.

La grille principale d'entrée était contre le bâtiment neuf du moulin appartenant à M. Plicque.

Une entrée particulière, pour les communs, se trouvait sur la place de Brunoy.

Au-dessus de cette porte, le marquis de Brunoy, mû par un noble sentiment de bienveillance pour ses vassaux, fit placer une riche horloge de Lepautre.

Soixante-dix ans durant, elle servit plus aux vassaux qu'au seigneur, puis un jour elle sonna révolutionnairement la dernière heure de la seigneurie de Brunoy, puis les vassaux s'en emparèrent.

C'est la même qui, comme symbole de l'ingratitude, est encore placée au clocher de Brunoy.

Deux magnifiques grilles se trouvaient en face, l'une de la route de l'Obélisque, l'autre de la route d'Epinay.

De vastes communs entouraient la cour du château, depuis le moulin, jusqu'à la maison appartenant maintenant à M. Garnier.

Cette dernière propriété servait de prison et de salle des gardes.

Celle de madame la comtesse Davoust était le logement du fermier ;

Celle de M. Adeline contenait la faisanderie ;

Celle de M. Baudry, la figuerie ;

Celles de MM. Lavallard et Cabaud, les potagers et la melonnière ;

Celle M. Laillet était la demeure de l'intendant ;

Celle de M. Riant, le Tourne-bride ;

Celle de M. Durmont servait d'engraisserie ; elle devint plus tard la petite maison, le gracieux boudoir de la maîtresse de l'intendant ;

Celles enfin de MM. Gublin, Lasure et Pouchard, réunissaient le petit château et la salle de spectacle.

On le voit, la presque totalité des jolies villas qui peuplent Brunoy, doivent leur origine au marquis Pâris de Montmartel. — Le château a disparu et les modestes demeures des jardiniers, des artisans, des employés du château, ont grandi sur ses ruines, elles se sont transformées en élégantes et riches habitations.

Admirable résultat de la révolution de 1789, que de misérables parodistes veulent aujourd'hui prendre au rebours, en substituant l'abolition des richesses à la suppression des priviléges, la loi agraire à notre inimitable loi des successions et des partages.

Qu'ils réussissent, et nos villas seront bientôt chaumières, les chaumières, d'infectes bouges, et notre société, un pandémonium de misère et d'abrutissement.

Au-dessous du château, la rivière encadrée dans un lit régulier et factice dont les vestiges s'aperçoivent encore, formait une magnifique pièce d'eau, bordée, jusqu'au pont de Soulins, de rangées de marronniers centenaires détruits lors de la révolution.

En face du château se trouvait un pont dont les culées servent encore de base à celui de M. Hulot.

Dans la prairie de ce dernier, comme dans celle de

M. Riant, s'aperçoit encore la forme de deux vastes bassins, actuellement comblés, d'où s'élançaient deux jets d'eau de la plus haute portée.

De la chaussée, qui forme actuellement la route de la Fraternité, dite des Soupirs, s'échappait alors une abondante cascade, ayant plus de 100 mètres d'étendue.

Je ne sache pas que le nom sentimental, donné à ce *chemin*, provienne de quelque Jérémie moderne, pleurant sur tant de splendeurs évanouies : ses habitués, tout au charme du présent, oubliant le passé, quand vient l'heure mystérieuse du berger, y soupirent toute autre chose que l'élégie.

La cascade dont nous venons de parler était dominée par la statue d'un fleuve, sortie du ciseau de Pajou; elle se trouvait au milieu d'un bassin appelé Ramponneau.

Au-dessus étaient deux vastes pièces d'eau, d'où partaient des cascades à l'instar de celles de Saint-Cloud.

Tout ce système hydraulique était alimenté, tant par des sources naturelles, que par une machine placée au bas de la propriété Talma, non loin de la chaussée du pont de Brunoy. Cette machine était composée de huit corps de pompes, qui, au moyen de tuyaux en fonte élevaient 132 pouces d'eau par minute à la hauteur de 100 pieds.

Un canal partant du moulin de Rochopt, traversant la plaine d'Epinay et la propriété de M. Deharambure, autrefois appelée le Jardin de la Machine, alimentait cette machine.

De la grille supérieure jusqu'à l'Obélisque, existait une avenue trois fois plus large que la route actuelle, une quadruple rangée de marronniers séculaires bordait cette avenue.

L'architecte Chaldrin construisit le petit château; les Casanoves, les Guichard et autres célèbres peintres et sculpteurs de l'époque, contribuèrent à l'ornement des appartements et des jardins, par une immense quantité d'objets d'art, tous détruits ou vendus en 1793.

CHAPITRE III.

TABLEAU CHRONOLOGIQUE DES SEIGNEURS DE BRUNOY.
DROITS ATTACHÉS A LA SEIGNEURIE DE BRUNOY.

Il m'a été impossible de remonter à une époque plus reculée que le douzième siècle, toute trace antérieure est perdue.

Dates.
1171. Ansellus de Bruneio (1).
1223. Fredericus de Bruneio. Ce seigneur fut l'un des chevaliers par lesquels Guillaume d'Auvergne fut porté sur le trône épiscopal de Paris, à son entrée solennelle (2).
1270. Philippe de Brunoy (3).
1273. Guillaume de Gournay, comme acquéreur de Philippe de Brunoy.
1309. Jean de Soisy, seigneur de Brunoy; il perdit au parlement un procès contre les habitants de Brunoy qu'il molestait, quoique leurs biens fussent sous la protection immédiate du roi. *(Cette circonstance indiquerait l'existence d'une propriété royale à Brunoy dès cette époque (4).)* Ce Jean de Soisy fut désigné, par Jeanne, reine de France, pour rendre hommage

---
(1) *Histoire ecclésiastique*, tom. IV, p. 760.
(2) *Histoire ecclésiastique*, Paris, t. II, p. 402.
(3) *Chart. Ep.*, f° 135.
(4) Dubois, collection 2, tom. III.

TABLEAU CHRONOLOGIQUE.

Dates.

de Brie-Comte-Robert à l'évêque de Paris en 1344 (1).

1373. Jean de Gaillonel et Adam de Gaillonel (2).

1411. Artus de Braye, seigneur de Corbeil, tant en son nom qu'à cause de Jeanne de Gaillonel, sa femme, dame de Villemain et de Brunoy, fille de Jean de Gaillonel, chevalier et baron, et de Jeanne de Melun (3).

1420. Guillaume le Pierrier, prieur d'Essonnes.

1447. Jean de Lannoy, seigneur, en partie, à cause d'Isabeau de Braye, sa femme, fille d'Artus de Braye et de dame Jeanne de Gaillonel.

1477. Rogerin de Lannoy, seigneur en partie, comme fils et héritier de Jean de Lannoy et Isabeau de Braye.

1494. Jean Claustre, prieur d'Essonnes, seigneur, en partie, à cause du prieuré d'Essonnes.

1507. Marie de Braye, tant en son nom que comme ayant la garde noble des enfants mineurs de feu Rogerin de Lannoy, son mari, et d'elle.

1510. Pierre de Lannoy, seigneur, en partie, comme fils et héritier de Rogerin de Lannoy et de Marie de Braye.

1541. Jean de Serre, prieur d'Essonnes, seigneur, en partie, à cause du prieuré d'Essonnes.

1558. Françoise de Rony, dame, en partie, comme veuve de Pierre de Lannoy, et ayant la garde noble des enfants mineurs du défunt et d'elle.

1558. Guillaume de Lannoy, seigneur, en partie, comme fils aîné et héritier de feu Pierre de Lannoy, acquéreur, en 1558, avec Anne des Ursins, sa femme, des bois de Brunoy, à eux vendus par Philippe de Lannoy leur frère et beau-frère puîné et cohéritier.

(1) Déclaration de la Chambre des comptes.
(2) Déclaration de la Chambre des comptes.
(3) De 1411 jusqu'à 1722, tous les noms des seigneurs de Brunoy sont extraits de l'ordre chronologique des différents tenanciers, hauts, moyens et bas justiciers de la terre et seigneurie de Brunoy-en-Brie boîte 36, liasse 1re. *Archives de la préfecture de Seine-et-Oise.*

TABLEAU CHRONOLOGIQUE. 15

Dates.

1561. Antoine de Lannoy, seigneur, en partie, comme fils et héritier de Guillaume de Lannoy.

1569. Anne des Ursins, dame, en partie, douairière comme veuve de Guillaume de Lannoy, usufruitière avec le comte de Chaulnes, son second mari.

1597. Christophe de Lannoy, seigneur, en partie, comme cessionnaire des droits d'Anne des Ursins et comme fils et héritier de Guillaume de Lannoy.

1597. Nicolas de Brylas, prieur d'Essonnes, seigneur, en partie, à cause du prieuré d'Essonnes.

1598. Ledit Christophe de Lannoy, seigneur unique, comme ayant acquis la partie de ladite seigneurie qui appartenait au prieuré d'Essonnes.

1601. Charlotte de Villers-Saint-Pol, dame de Brunoy, au nom et comme tutrice des enfants mineurs de défunt Christophe de Lannoy, son mari, et d'elle, comme douairière.

1611. Charles de Lannoy, comme fils et unique héritier de Christophe de Lannoy.

Un acte de foi et hommage fait à Charles de Lannoy, le 25 avril 1611, par Théodore Pasquier, écuyer et avocat au Parlement, porte aveu et dénombrement d'un arpent de pré situé à Brunoy, au lieu dit la Corne-de-Cerf, qui relevait en mouvance de la seigneurie de Brunoy.

1656. Charles de Lorraine, duc d'Elbeuf, prince d'Harcourt, seigneur, tant en son nom qu'à cause d'Anne-Élisabeth de Lannoy, sa femme, fille et unique héritière de Charles de Lannoy, que comme tuteur honoraire des enfants mineurs issus d'elle et de lui.

1673. Charles de Lorraine prince d'Elbeuf, seigneur, comme principal héritier de dame Anne-Élisabeth de Lannoy sa mère.

1676. François de La Rochefoucault, prince de Marcillac, auteur des Maximes, et Marie-Roger de La Rochefoucault, marquis de Liancourt, comme donataires de Charles de Lorraine, prince d'Elbeuf, leur oncle.

Dates.

1717. Joseph Boucher, sieur de Ploniq, comme ayant acquis de MM. de La Rochefoucault, frères.

1722. Jean Pàris de Montmartel, seigneur, comme ayant acquis de Joseph Boucher de Ploniq.

La terre de Brunoy fut, en faveur dudit sieur Jean Pàris de Montmartel, érigée en marquisat par lettres patentes du roi (1).

Armand-Louis-Joseph Pàris de Montmartel, seul et unique héritier de Jean Pàris de Montmartel.

Louis-Stanislas-Xavier, fils de France, duc d'Anjou, d'Alençon et de Brunoy, comte du Maine, du Perche et de Senonches, Monsieur, frère du roi.

Comme ayant acquis des curateurs à l'interdiction d'Armand-Louis-Joseph Pàris de Montmartel.

Un édit du roi donné à Versailles, en août 1777, enregistré au Parlement le 5 mai 1778, et en la Chambre des comptes le 3 juin de la même année, érige la seigneurie de Brunoy en duché-pairie, pour relever exclusivement de la couronne de France, et du fief de la tour du Louvre.

Monseigneur le duc de Normandie, dauphin de France, nu-propriétaire, sous la réserve d'usufruit, faite par Monsieur, au moyen de la donation consentie par ce dernier à son neveu, suivant acte reçu par Gaudain et Audrelle, notaires, à Paris, le 9 août 1786 (2).

Le duc de Wellington, nommé marquis de Brunoy, par Louis XVIII, en 1815, après Waterloo.

DROITS ATTACHÉS A LA SEIGNEURIE DE BRUNOY.

Les seigneurs de Brunoy avaient droit de haute, moyenne et basse justice.

La prévôté et le bailliage avaient Brunoy pour siége (3). Comme attribut de la haute justice, trois potences se trouvaient

---

(1) *Marquisat de Brunoy*, t. I, chap II, des *Archives de Versailles*.
(2) *Inventaire*, t. IV, p. 1; boîte 34, liasse 1re, cote 1re. *Archives de Versailles.*
(3) *Archives de Versailles*, t. III, p. 19; boîte 29, liasse 2, cote 8;

placées sur la lisière des bois, actuellement enclavés dans le parc de M. Adeline, en face de la maison principale, qui alors n'existait pas encore; elles étaient plantées dans un endroit où se trouve maintenant un massif de futaie, sous deux grands chênes qui sont encore debout.

Les prévôt, bailli, procureur fiscal, greffier et sergents-voyers étaient à la nomination des seigneurs de Brunoy, qui avaient les droits d'épaves et confiscation qui étaient la conséquence de la haute justice. On retrouve dans les archives de Versailles, boîte 30, liasse 1re, cote 2, les preuves que ces droits n'étaient pas un vain titre, et que les seigneurs de Brunoy savaient en user. En 1485, un homme assassiné, fut trouvé dans la forêt de Sénart, l'instruction faite, le coupable fut découvert et pendu aux fourches patibulaires dont nous venons de parler.

La seigneurie de Brunoy s'étendait sur les communes de Yères, Périgny, Mandres, Villecresnes, Marolles, Boissy, Varennes, Combes-la-Ville, Villemeneux, la Tour-de-Tigery (1), Egrenay, Vigneux, et sur 1790 arpents de bois de la forêt (2) de Senart et des environs.

Des plans terriers de ces diverses communes font partie des minutes de mon étude.

Par édit de novembre 1774, Brunoy, qui antérieurement avait fait partie de la capitainerie de Corbeil, fut érigé en capitainerie royale, en faveur de Monsieur.

Le seigneur de Brunoy avait droit de banalité de tous les moulins se trouvant dans ses domaines (3). Il percevait un boisseau par setier, mesure de Paris. Il avait également droit de banalité aux pressoirs à vin, il percevait quatre seaux de

---

boîte 30, liasse 1re, cote 1re; boîte 30, liasse 1re, cote 2; contenant les minutes et registres des greffes de la prévôté et du bailliage de Brunoy.

(1) A l'égard de cette commune, le seigneur de Brunoy n'avait pas droit de haute, moyenne et basse justice. Voir une transaction du 21 février 1758. *Inventaire des titres du duché de Brunoy*, t. I, p. 17 et 18.

(2) Lettres patentes du roi, tom. I, chap. 2. *Archives de Versailles, Marquisat de Brunoy.*

(3) Les moulins de Brunoy s'appelaient moulins banniers.

vin par pièce sur les regnicoles et six sur les étrangers possédant vigne dans les territoires de son domaine.

Il avait en outre droit de beauvin, c'est-à-dire, que personne ne pouvait vendre vin en détail sans autorisation, à peine de 3 liv. 15 s. d'amende et de confiscation des pots et du vin qui se trouverait en perce (1).

Droit de pêche et de chasse, droit de gruerie, c'est-à-dire, de justice sur les bois appartenant à gens de main morte ou à des particuliers.

Droit aux amendes et confiscations encourues par suite des délits commis auxdits bois, et enfin droit de prélever partie du prix des bois vendus.

Droit de four banal à raison de 12 sols parisis par feu, payables chaque année le jour des octaves Saint-Denis.

Droit de rouage de charrettes et chevaux enlevant foin et vin et autres espèces de marchandises dudit Brunoy, à raison de 3 deniers par charrette, à peine de 3 liv. 15 s. d'amende.

Droit d'étalonnage des mesures à vendre vin, à raison de 12 deniers parisis et une pinte de vin, à peine de 3 liv. 15 s. d'amende.

Enfin, droit d'avoir le premier plat garni de toutes les noces des nouveaux mariés, lesquels étaient tenus de le porter au château à peine d'amende, et de payer pour ledit plat 30 sols (2). On voit, par cette dernière prérogative, que nos anciens seigneurs avaient su mitiger leurs droits seigneuriaux, et qu'ils bornaient aux plaisirs de la gourmandise, les privautés peu gracieuses pour le mari, que beaucoup de seigneurs s'arrogeaient, dit-on, à cette époque.

Cette redevance dégénéra bientôt, en une mauvaise plaisanterie : le marmiton de chaque noce tirait du pot-au-feu des légumes assortis, les arrangeait symétriquement sur une assiette dans la forme de ce dieu que Piron a chanté, qu'on adorait à Rome (3) ; on allait ensuite en grande pompe offrir ce plat symbolique au seigneur.

(1) *Archives de Versailles*, t. III, p. 219.
(2) Aveu dénombrement de la terre, fief et seigneurie de Brunoy, 20 juillet 1619.
(3) Phallus.

Puis, quand il n'y eut plus de seigneur, on conserva l'usage, et l'on offrit le plat garni, au sortir de l'église, à la pudibonde et rougissante mariée. Cet usage existe encore dans quelques villages de l'ancien marquisat de Brunoy, je l'ai retrouvé notamment à Valenton.

TABLEAU CHRONOLOGIQUE   19

Puis, quand il n'y eut plus de soleil pour en pouvoir Pu-sap.
et l'on ofîrit le plat cuit, au souffle, on "egiile, à l'antithorde et
rougis à la partie. Cet âge existe encore nous quelques villages de l'ancien refrouvéni de Bretagne. Il lui revient bien pro-
sent à Valentin.

CHAPITRE IV.

INCENDIE DU CHATEAU SEIGNEURIAL DE BRUNOY.

Le château de Brunoy fut incendié en 1590. J'en trouve la preuve dans un aveu dénombrement de la terre, fief et seigneurie de Brunoy, fait au roi, le 20 juillet 1619 (1) par le comte de Lannoy, chevalier seigneur de Boissière, à cause de son château de la ville et prévôté, comté et châtellenie de Corbeil.

Cet aveu, qui contient la description complète du château de Brunoy et de toutes ses dépendances, s'exprime ainsi, en ce qui a trait à l'incendie.

« Item quatre travées de masures au bout de la
« grange et les pressoirs banaux dudit château qui
« avaient été brûlés aussi, par les ennemis du roi,
« en ladite année 1590. »

Et plus loin :

« Une autre tour du côté de l'eau, du bas de la-
« quelle on se sert de sommeillerie, de laquelle

(1) *Archives de Versailles.*

« sommeillerie on va dedans la salle et de ladite
« sommeillerie dans la cave; et laquelle tour répond
« dans une autre petite antichambre dont on se sert
« pour garde-robe, et au-dessous, une autre dont
« on se sert comme d'une retraite secrète.

« Ladite basse chambre qui répond à . . . . et
« celle qui est sur l'entrée de la principale porte du
« château, ainsi que la chambre d'au-dessus, commu-
« nément et vulgairement appelée la chambre de
« Beauregard, ont été brûlées pendant le siége de
« Paris et de Corbeil, par les ennemis et rebelles du
« Roi en 1590. »

On le voit, ce fut pendant que Henri IV cernait Paris, que Brunoy fut brûlé, voici dans quelles circonstances :

Farnèse, duc de Parme, général espagnol, à la tête d'une puissante armée, s'était emparé de Corbeil dans le but ostensible d'assurer aux Parisiens assiégés, le cours de la Seine, et par suite, l'approvisionnement de la capitale; mais dans l'intention secrète, de s'en faire une place d'armes, pour s'en servir au besoin contre Paris, dans le cas déjà pressenti d'un accommodement entre les ligueurs et le roi.

Le Conseil des Seize, inquiet des dispositions secrètes du général espagnol, lui fit tant de difficultés, que dégoûté d'une entreprise d'ailleurs pleine de dangers, il reprit le chemin de la Flandre, avant même que l'armée royale n'eût paru devant les murs de Corbeil.

Ce fut dans cette retraite que l'armée du duc de Parme mit au pillage et à feu, Brunoy, et selon toute apparence, rasa le château royal, dont les ruines se retrouvent au lieu dit les Bâtiments, au territoire d'Yères.

Brunoy appartenait, au moment de l'incendie, à dame Anne des Ursins, douairière de Guillaume de Lannoy, épouse du comte de Chaulnes son second mari.

CHAPITRE V.

PARIS DE MONTMARTEL.

La vie de Pâris de Montmartel, peut servir à démontrer cette vérité, à mes yeux incontestable, que même sous les gouvernements les plus despotiques, les intelligences d'élite savent vaincre les obstacles, briser les entraves, percer les nuages et trouver leur véritable place, et cette autre vérité encore hypothétique et en apparence paradoxale, mais que l'avenir se chargera aussi de prouver : c'est à savoir qu'il est plus difficile à ces hautes intelligences de se faire jour et de briller sous l'empire de la démocratie, que sous la monarchie, par le motif que, dans le premier cas, chacun pouvant arriver à tout, les abords sont encombrés, les médiocrités toujours remuantes et prêtes à substituer l'intrigue au génie, envahissent toutes les positions, et l'homme capable et par cela même timide et modeste, est souvent écrasé par la foule.

Je ne sache pas en effet, qu'aucune démocratie ait

fait surgir et monter des derniers échelons au sommet de l'échelle sociale, autant de grands hommes que les siècles de Louis XIV et de Napoléon.

Fils d'un commis des vivres qui précédemment avait été simple aubergiste à Môiran en Dauphiné, Jean Pâris de Montmartel, par son travail et les immenses services qu'il rendit à l'Etat, sous Louis XIV et Louis XV, arriva en quelques années à un degré de fortune et de faveur tel, qu'il put, sur l'acte de baptême de son fils, inscrire les titres qui suivent : comte de Sampigny, baron de Dagouville, seigneur de Brunoy, de Villiers, de Foucy, de Fontaine, de Châteauneuf, Bercy et autres lieux, conseiller d'Etat, garde du trésor royal et secrétaire du roi.

La vie des quatre frères Pâris se lie d'une manière si intime, qu'il est impossible de parler de l'un sans faire connaître les autres.

En 1690, Catinat, de simple soldat devenu maréchal de France, reçut l'ordre de porter à l'improviste une armée de vingt mille hommes devant Turin et de sommer Victor-Amédée, duc de Savoie, d'avoir à lui livrer ses meilleures places de guerre et de mettre à la disposition de Louis XIV 30,000 hommes à titre d'auxiliaires.

On voulait punir le roi de Sardaigne du traité conclu entre lui et l'Autriche, contre la France.

Les ordres avaient été si prompts, les mesures si mal prises, qu'à peine si le personnel du service des vivres se trouvait organisé. Le munitionnaire général déclara qu'il lui était impossible d'assurer les subsistances. Louvois, contrôleur général des finances, fit connaître au roi qu'il ne répondait pas des projets de S. M. en Italie, si on ne le laissait maître de la situation, et si on ne lui permettait de choisir un agent fidèle, et surtout indépendant de la compagnie des vivres, qui pourvoirait aux besoins du moment.

Jacquier fut choisi ; effrayé lui-même de l'entreprise, il consulte l'ancien aubergiste Pâris, qui se décide à accepter la responsabilité et qui, aidé de ses quatre fils, sut vaincre toutes les difficultés.

Six mille sacs de farine sont acquis de la ville de Lyon et sortent de ses greniers d'abondance ; mille mulets destinés aux équipages militaires, sont achetés dans le Vivarais et traversent les Alpes, chargés de 3,000 sacs de blé ; des bateaux innombrables, arrêtés par les glaces, dans les canaux et les rivières, se mettent en mouvement, précédés de troupes armées de crocs et de haches, chargées de leur ouvrir un passage. Deux cents autres bateaux sont construits, les agrès, les équipements sont créés comme par enchantement, et tout est conduit avec tant d'harmonie et d'activité que tous les services en danger furent assurés.

Lors de la coalition formée contre la France, en 1701, et des guerres qui en furent la suite, les frères Pâris dont on avait apprécié la haute capacité, furent nommés Directeurs généraux des vivres, pour l'armée de Flandre.

Après la déroute de Ramillies, les magasins de l'armée furent abandonnés et pillés ; les frères Pâris suppléèrent aux malheurs des circonstances par leur crédit, leur génie et leur infatigable dévouement.

Dans les campagnes suivantes, les troupes après avoir pris Gand, allaient attendre à Oudenarde un convoi de pain et de biscuit préparé à Arras, Tournay et Douay, et embarqué sur bateaux ; la bataille d'Oudenarde se perd, l'armée se retire sur Gand ; celle des alliés, placée à Menin, coupe toutes les communications avec nos frontières, ce n'est qu'en le coulant à fond qu'on empêche le convoi de tomber au pouvoir de l'ennemi. L'armée se trouve sans équipages, sans vivres, sans argent. Les frères Pâris furent encore dans cette douloureuse circonstance les sauveurs de l'armée, ils pourvurent à tout par leur immense crédit et par leur activité.

En 1708, M. Pâris Duverney fut envoyé à Lille comme trésorier, il devait trouver 500,000 francs dans les caisses pour la solde immédiate de l'entrée en campagne des troupes ; à son arrivée les caisses sont vides, l'armée murmure, la désertion est imminente et les projets des généraux sont compromis. Dans la nuit, Pâris emprunte 300,000 francs et reste en ôtage jusqu'à leur remboursement, les troupes reçoivent leur solde, et les plans de la campagne peuvent être suivis.

Ce fut alors que le zèle des frères Pâris fut récompensé par des charges éminentes.

Sous la régence, devenus par une suite d'opérations de banque et de commerce, heureuses parce qu'elles étaient habilement conduites, les premiers financiers du royaume, ils eurent le courage de lutter dès ses débuts contre le trop fameux Law, depuis contrôleur général des finances, auteur du Système de banque territoriale, qui causa la ruine du trésor de l'État, bouleversa toutes les fortunes privées, et provoqua la plus effroyable banqueroute que jamais nation ait soufferte.

Cette opposition généreuse suscita aux frères Pâris de nombreux et puissants ennemis, des lettres de cachet furent surprises au Régent et les exilèrent en Dauphiné, jusqu'à la chute de Law et de son fatal système.

Impuissants pour empêcher le mal, ils furent chargés de le réparer. Ils dirigèrent l'opération dite du Visa, qui avait pour but la révision de l'immense quantité de billets d'Etat que Law avait substitués au numéraire, en défendant à chaque citoyen d'avoir chez lui plus de 500 francs en espèces, ce qui eut, comme depuis en 1793, pour résultat immédiat l'inconvénient de faire disparaître l'argent.

3.

Le visa, au moyen de la sévérité qu'y apportèrent les frères Pâris, produisit à l'Etat un bénéfice de 1,369 millions et réduisit la dette de l'État à 1,631 millions, par la découverte des innombrables abus qu'avait produits un maniement aussi immense de papier-monnaie.

Le cardinal Dubois crut devoir récompenser les services des frères Pâris par la création de quatre charges d'intendant des finances qu'ils refusèrent, satisfaits, dirent-ils, de se dévouer au bien de l'État, sans aspirer à aucune dignité.

Enumérer les services qu'ils rendirent, ce serait faire l'histoire du dix-huitième siècle, nous nous bornerons à en citer quelques-uns.

En 1724, les finances étant obérées, ils furent chargés de reviser l'état des pensions; ils reconnurent bien vite une immense quantité d'abus et de doubles emplois; tranchant dans le vif, ils firent répandre le bruit d'une suppression absolue et générale. De toutes parts des murmures s'élevèrent, ils les calmèrent en publiant qu'il n'y aurait qu'une légère diminution; elle eut lieu en 1725, chacun y applaudit et reçut comme une nouvelle faveur ce qu'il obtenait.

On leur dut la première idée de l'établissement des mercuriales légales des grains et de l'échelle mobile des prix des céréales, pour servir de base aux importations et exportations.

Les affreuses disettes de 1699 et de 1725, leur avaient fait sentir l'opportunité d'une semblable mesure, et en effet depuis lors, ces grandes calamités publiques ont perdu progressivement de leur intensité.

Ils n'en furent pas moins accusés d'accaparement, pendant cette année néfaste de 1725, l'injustice populaire tourna contre eux les efforts qu'ils firent, avec un admirable dévouement, pour approvisionner la capitale et Fontainebleau où se trouvait la cour; ils eurent à subir dans leurs personnes et dans leurs biens de grands dangers.

On leur doit enfin l'établissement de l'école militaire et celui de la bourse, en même temps ils firent édicter de sages règlements pour réprimer les abus du jeu et de l'usure.

En un mot peu de citoyens rendirent plus de services à leur pays et eurent plus de disgrâces à subir. Leur fortune fut amassée dans leurs entreprises privées, et jamais au service de l'Etat; toutes les fois, au contraire, qu'ils remplirent des fonctions publiques, ils virent cette fortune gravement atteinte.

La meilleure preuve que je puisse donner, que ces éloges n'ont rien d'exagéré, c'est que Saint-Simon, ordinairement si sévère pour tous les hommes de son siècle, a consacré aux frères Pâris un chapitre de son livre des *Hommes illustres*, tome III, page 96, et chose inouïe pas une seule critique ne s'y rencontre.

Enfin malgré leur haute fortune, malgré les honneurs qu'ils devaient à leurs talents et à la faveur du roi, les frères Pâris restèrent toujours modestes. Un jour que Pâris de Montmartel assistait à un grand dîner d'apparat où se trouvait le duc de V..., homme connu par son esprit hautain et par sa jalousie contre tout ce qui par la capacité se trouvait au-dessus de lui, ce dernier piqué de quelques éloges qui étaient adressés à Pâris de Montmartel, crut pouvoir l'humilier en disant avec un sourire caustique et en le regardant fixement, que la plus mauvaise auberge qu'il eût rencontrée sur la route de Provence, était celle de Moiran. « Il faut qu'elle ait bien dégénéré, ré-
« pondit modestement Pâris de Montmartel, car du
« temps que mon père la tenait, elle était la meil-
« leure, et tous les voyageurs s'en louaient. »

Ce fut le même duc de V... qui, à la suite d'une discussion sur l'illustration des origines, survenue entre lui et M. de Chevert, soldat de fortune et officier de la plus haute distinction, outré de l'opposition que ce dernier lui avait faite, s'écria : « Il vous appartient bien, monsieur, de parler ainsi, vos décorations et vos grades ne vous donnent pas le droit de traiter un objet de ce genre, tout le monde sait que vous êtes le premier de votre nom. — Personne n'ignore, M. le duc, que vous êtes le dernier du vôtre, répliqua l'officier général. »

Pâris de Montmartel devenu veuf de l'une de ses

nièces, épousa en secondes noces, le 17 février 1746, demoiselle Marie-Armande de Béthune, fille de Louis, comte de Béthune, lieutenant-général du royaume, l'un des descendants du grand Sully.

De ce mariage est né, Armand-Louis-Joseph Pâris de Montmartel, connu par ses folies, ses prodigalités, sa ruine et son interdiction.

M. Pâris de Montmartel après avoir joui paisiblement du fruit du travail de sa jeunesse; après avoir embelli Brunoy, et comblé ses habitants de biens et de faveurs, mourut le 10 septembre 1766.

Son souvenir est encore dans tous les cœurs; son portrait (la plus belle gravure au burin que je connaisse), tapisse les murs de toutes les maisons du village.

Madame de Montmartel mourut en 1772, après avoir gémi sur les folies de son fils, après avoir pressenti sa ruine, et souffert, par conséquent, les plus cuisants chagrins qu'une mère puisse éprouver.

Tous deux sont inhumés dans un caveau placé dans l'église de Brunoy, sous la chapelle de Sainte-Geneviève, à gauche de la nef.

En 1793, au temps où les passions politiques en ébullition ne respectaient rien, de farouches montagnards voulurent violer cette noble sépulture : l'indignation publique en fit respecter le seuil.

Aucune pierre tumulaire, aucun monument extérieur, n'indiquent la place où reposent les dépouilles mortelles de deux bienfaiteurs vénérés de la commune, sans doute que de dures nécessités financières se sont toujours opposées, à cet acte de reconnaissance.

Combien de villes ont élevé sur un socle ambitieux de prétendues notabilités locales, moins dignes de l'attention de la postérité, que le modeste Pâris de Montmartel !

CHAPITRE VI.

LE MARQUIS DE BRUNOY. — SES FOLIES.

Son histoire pourrait se résumer en quelques mots. Né d'un père éminent par son intelligence, il a fini par le crétinisme.

Héritier de vingt millions de fortune, il a été le dilapidateur des trésors amassés par le travail.

Ayant droit à la faveur du roi, par les services de son père, par la haute noblesse de sa mère, il est mort enfermé dans un cloître, sous le coup d'une lettre de cachet.

Époux d'une femme jeune, noble et belle, il en a torturé la vie.

Ses excès, les chagrins qui en ont été la suite, ont abrégé l'existence des auteurs de ses jours.

Ses folies lui ont valu l'immortalité, à la manière d'Erostrate.

Triste exemple de la fatalité et peut-être aussi d'un profond calcul de la Providence, qui, dans ses décrets immuables, charge un fils prodigue de dissiper les richesses amoncelées par le père, pour corriger ainsi, ce que la fortune a d'injuste, en concentrant dans une même main, le bonheur et l'existence de plusieurs milliers de familles.

Armand-Louis-Joseph Pâris de Montmartel, marquis de Brunoy, secrétaire du roi, maison couronne de France et de ses finances, comte de Sampigny, baron de Dagouville, seigneur de Villiers-en-Bocage, de Foucy, de Fontaine, de Châteauneuf, et autres lieux, seul enfant issu du mariage conclu en 1746, ainsi que nous l'avons dit au chapitre précédent, entre Pâris de Montmartel et mademoiselle de Béthune, reçut les principes d'une excellente éducation, mais n'en profita pas. Son père lui donna pour gouverneur M. Richer, homme de lettres distingué, et plus que cela, homme de cœur, de bien et d'esprit, qui fit des efforts surhumains pour se concilier l'affection de son élève, et ne recueillit que son animadversion, à ce point qu'un soir, à la table de son père, en présence de vingt convives, le jeune marquis irrité de quelques leçons de bonne tenue que son précepteur lui avait données, le frappa d'un coup de couteau, heureusement peu dangereux.

On peut dire qu'à dix ans la force seule manqua au jeune seigneur de Brunoy pour être un assassin.

A la suite de cette déplorable scène, on le fit entrer

dans un séminaire, où il ne sut que prendre un goût effréné pour les cérémonies religieuses.

La mort de son père, puis celle de sa mère, toutes deux provoquées par les chagrins dont il les abreuvait, furent pour lui l'occasion de se livrer à cette propension désordonnée pour les pompes de l'Eglise. Il donna aux funérailles de ses parents un éclat extraordinaire, substituant un vain cérémonial, à de sincères regrets, qu'il eût dû éprouver et qui furent, selon les apparences, loin de son cœur.

On raconte que pendant que le corps inanimé de son père reposait encore dans son appartement, il aida lui-même, avec un imperturbable sang-froid, les tapissiers chargés de dresser les tentures funéraires,

Qu'avant même la mort de sa mère, il se complaisait à lui énumérer les cérémonies pompeuses dont il comptait entourer ses funérailles,

Que plusieurs jours à l'avance il prépara la chapelle ardente, destinée à recevoir la dépouille mortelle de la meilleure des mères ; et qu'enfin lors du transfert du cadavre de Paris à Brunoy, le cercueil en plomb étant venu à s'ouvrir, il le fit souder et raccommoder froidement en sa présence, sans verser une larme, sans ressentir aucun de ces déchirements que, même à de grandes distances, une séparation éternelle fait éprouver au cœur d'un fils.

Il est vrai qu'il fit répandre des masses énormes d'en-

4

cre dans la rivière d'Yères et dans les bassins de son parc; qu'il fit peindre l'église en noir, revêtir d'habits de deuil les statues de ses jardins, peindre funérairement ses chevaux et ses poules, et couvrir de sombres vêtements jusqu'à ses vaches.

Si les philosophes du dix-huitième siècle ont essayé de le placer au rang de leurs adeptes, ils n'en feront jamais un bon fils.

Son mariage fut l'occasion de bizarreries non moins blâmables.

Le 8 juin 1767, Leurs Majestés signèrent le contrat de mariage du marquis de Brunoy, avec noble demoiselle Emélie de Pérusse d'Escars, issue d'une des plus grandes maisons du royaume.

Le 13 juin, le mariage se fit, et le même jour, l'époux quitte la jeune et belle vierge qu'il vient d'unir à lui, par des liens purement sacramentels, sans daigner franchir le seuil de la chambre nuptiale; il revient à Brunoy, et déclare solennellement que si sa femme tient à venir s'y installer, à l'instant même il fera élever un mur infranchissable, de fond en comble, entre les deux appartements; et, en effet, jamais malgré les soins des deux familles, malgré les avances pleines de grâces et de candeur que fit la jeune épouse délaissée, jamais une réunion, même apparente, ne put être obtenue.

J'ai vu entre les mains de M. Maréchal, ancien adjoint au maire de Brunoy, fils du secrétaire intime du marquis, le portrait en pied de la jeune femme, si digne d'être heureuse; ou le peintre a été bien menteur, ou il faut sincèrement plaindre le marquis de n'avoir pu apprécier tant de charmes.

Si la beauté se trouva toujours impuissante sur lui, son cœur fut quelquefois accessible à de bons sentiments.

Souvent des travaux nombreux, coûteux et sans utilité pour lui, furent entrepris dans le seul but d'occuper de malheureux ouvriers.

Nos socialistes du jour ne manqueront pas de dire que le marquis pressentait, dès lors, le droit au travail; malheureusement il se complaisait souvent à retenir injustement le salaire de pauvres pères de famille.

Un jour qu'il aidait, sale et mal vêtu, les manœuvres qu'il employait dans son parc, un vieux militaire, chevalier de Saint-Louis, s'approche de lui, sans le connaître, et lui demande comment il doit s'y prendre pour approcher le marquis de Brunoy. « Dans quel but? » lui demanda ce dernier. « Je désire faire appel à sa commisération, lui soumettre mes besoins. Je n'ose porter ma décoration sur un habit percé par la misère, et j'aime autant quitter la vie que de cacher cette croix, rémunération du sang que j'ai versé pour mon pays ! — Revenez dans deux heures, et demandez, au château, Baptiste. »

A l'heure dite, le chevalier se présente, reconnaît avec confusion, dans le marquis, le manœuvre auquel il a parlé. « Acceptez cet habit, lui dit le jeune seigneur de Brunoy, c'est tout ce que je puis faire pour vous. »

Dans l'habit se trouvaient une bourse de cent louis et une tabatière en or.

Souvent il constitua de riches dots à de simples paysannes ; jamais cette munificence ne fut classée dans la catégorie du douaire (1) : sa froideur avec sa femme le mettait au-dessous du soupçon.

Il se plaisait à tenir sur les fonts baptismaux les enfants de ses vassaux ; la critique respecta cet innocent plaisir, le seul qui, selon les apparences, lui fut permis.

Brunoy est encore peuplé d'habitants, héritiers du nom d'Armand ou d'Armande.

Il institua, pour Brunoy, une nombreuse et brillante compagnie d'arquebusiers, dont l'habit vert et or servit plus tard de modèle aux gardes-du-corps du comte d'Artois.

Il répandit autour de lui l'abondance et la richesse ; il se complaisait à tirer les plus humbles de la misère, et à les faire passer subitement et sans transition à l'apogée de la fortune. C'est ainsi qu'un grand nombre de ses plus modestes serviteurs, que de simples ouvriers reçurent des marques éclatantes de ses libérali-

---

(1) *Primium virginitatis.*

tés : les uns des maisons, d'autres des terres, d'autres enfin des rentes et des contrats.

Jamais, et malheureusement, il ne fit de ces faveurs la récompense du travail et des services rendus; ses caprices seuls présidèrent à leur distribution. Un bon mot, un verre de vin bu gracieusement, une ivresse joyeusement supportée, les provoquèrent souvent.

Ces libéralités devinrent tellement excessives qu'un arrêt du parlement du 29 mars 1779, annula un grand nombre des actes qui les contenaient (1), et qu'un procès criminel fut même intenté contre quelques-uns de ceux qui en avaient profité.

Pidausat de Mairobert, homme de lettres justement estimé, se trouva impliqué dans ce procès pour avoir acquis à vil prix un contrat de 30,000 fr. prodigué par le marquis. Il fut blâmé de cet acte de faiblesse par l'arrêt du parlement, et prit tellement à cœur le déshonneur qui en rejaillissait sur lui que, malgré les consolations que lui prodigua le premier président, malgré même la promesse de rayer son nom du terrible arrêt, en rentrant chez lui, il se mit dans le bain, s'ouvrit les veines avec un rasoir, et s'acheva d'un coup de pistolet, s'imposant ainsi à lui-même la trop sévère punition d'un moment d'erreur (2).

La passion du vin fut celle qui contribua le plus à

(1) Actes devant M. Favereau, notaire à Brunoy.
(2) Mémoires secrets, Bachaumont.

dégrader le jeune seigneur de Brunoy; elle l'isola de sa famille et des gens honnêtes et le livra sans partage aux orgies de ses marmitons et de ses valets, dont il fit sa société habituelle.

En philosophe épicurien, il les admettait journellement à sa table, et trop souvent hôte et convives trouvèrent sous cette même table, dans les fumées et dans un pêle-mêle bachique, la véritable égalité.

La chronique dans laquelle je puise ces faits, ne dit pas, que jamais le marquis ait admis ses servantes à ces saturnales; ce qui me paraît certain, c'est que si jamais elles l'enivrèrent, ce ne fut pas de leurs charmes.

Un jour de maladie, il arrosa sa médecine avec du champagne, en guise d'eau tiède.

Il fit un voyage de Fontainebleau, tout exprès, pour dîner avec un cocher et un piqueur qu'il avait rencontrés, un jour de chasse, dans la forêt de Senart, et avec lesquels il avait déjà fait orgie.

Il défiait victorieusement les plus vigoureux buveurs, le verre en main; il faisait des liqueurs les plus fortes, un mélange qu'il versait et buvait à pleins bords. L'argot des ivrognes lui doit le nom de *sacré chien tout pur*, qu'il inventa et donna à sa mixtion favorite.

Il fut le véritable auteur d'une plaisanterie qu'on prêta, dans le temps, à un seigneur anglais.

Un jour qu'il voulait boire du lait, il ordonna à son

cocher d'aller lui en chercher à la ferme voisine : ce cocher, en valet de bonne maison, déclina la compétence, et crut pouvoir renvoyer l'office à une servante.

« Quelles sont donc vos attributions chez moi? lui demanda le marquis.

—De soigner vos chevaux et de conduire votre carrosse.

—Attelez donc, et conduisez la servante à la ferme.»

Le cocher fut contraint d'obéir.

Beaumarchais, dans son *Mariage de Figaro*, s'est approprié ce trait comique, sous une autre forme, en faveur de Grippe-Soleil.

Dans un seul voyage de Londres, qui dura quinze jours, il dépensa 600,000 livres.

En une année, le mémoire de son tailleur lui coûta 500,000 livres. Personnellement, il portait des bas troués, un habit rapiécé, une chemise sale, qu'on brûlait quand il l'avait quittée.

Une seule procession de la Fête-Dieu, à Brunoy, dissipa 200,000 livres.

C'est au milieu de ces dilapidations inouïes, que sa famille crut devoir intervenir, et que son interdiction fut judiciairement prononcée.

Nonobstant cette mesure sévère, les extravagances du marquis s'étant renouvelées et la vindicte publique ayant à lui demander compte de quelques violences corporelles, de quelques détentions arbitraires exercées, contre plusieurs de ses vassaux, une lettre de cachet fut lancée, en vertu de laquelle il fut enfermé au prieuré d'Elmont, maison de Génovéfins, près Saint-Germain en Laye, réduit à une pension annuelle de 12,000 livres.

Cette détention fut pour Brunoy un malheur public; malgré ses excès, les habitants, tant par souvenir du père, qu'à cause même de sa munificence, adoraient leur jeune seigneur. Au moment même de son enlèvement, il projetait la reconstruction totale de l'église de Brunoy, il voulait la convertir en une riche cathédrale et la doter de douze canonicats largement rétribués.

Le prieuré d'Elmont ayant plus tard paru trop près de Brunoy et soumis à une règle trop peu sévère, pour qu'il n'y eût pas lieu de craindre, une évasion ou une délivrance, une nouvelle lettre de cachet fut obtenue, et le marquis de Brunoy, transféré, les uns disent, soit aux Loges, près de Saint-Germain, couvent sévère, desservi par des religieux Picpus, soit à l'abbaye de Villers en Bocage, près de Caen, où il possédait une terre; d'autres prétendent dans la Bastille royale de Pierre-Encise, à Lyon, dans l'un des cachots de laquelle on l'aurait retrouvé expirant lors de la révolution de 1789, victime, disait-on, des ordres de Monsieur, frère du roi, intéressé à étouffer les plaintes et les réclamations de celui qu'il avait dépouillé.

Bien qu'il y ait doute sur le lieu véritable de son dernier séjour et de sa mort, on doit repousser cette dernière version.

Monsieur, frère du roi, depuis Louis XVIII, acheta légitimement des conseils judiciaires du marquis, la terre de Brunoy, après toutes les formalités protectrices que la loi exigeait.

La famille de l'interdit avait un immense intérêt à surveiller cette vente.

Elle était puissante et nombreuse à la cour.

Le frère du roi, le premier prince du sang, était assez riche pour payer ce qu'il acquérait, sans avoir besoin de recourir, comme on l'a calomnieusement répandu, à l'extorsion d'une signature dans un moment d'ivresse du marquis, puis à la séquestration de sa personne.

Cette vente fut la conséquence des dettes immenses contractées par le seigneur de Brunoy (plus de six millions de livres); mais elle fut loyalement faite et acceptée. Il faut reléguer les bruits dont Monsieur fut victime, dans la catégorie de ces calomnies dont on abreuve toujours les princes, quand ils sont tombés.

Quelques-uns ont vu dans le marquis de Brunoy, un philosophe rêvant la fraternité, cent ans avant le temps :

Oui! s'il eût élevé jusqu'à lui ceux qui l'entouraient, par la diffusion des lumières, par la juste rémunération de leurs travaux, par la moralisation et par l'exemple des vertus sociales et privées ;

Non ! s'il s'est au contraire abaissé jusqu'à eux, dans de sales orgies, par des défis d'ivrogne, par l'oubli de tout respect de lui-même.

Singulier philosophe, qui démoralise et sème autour de lui la paresse et l'ivrognerie, et laisse de ces vices de profondes racines après lui !

D'autres ont vu dans sa dégradation morale, dans son mariage, dans ses dédains pour sa jeune épouse, dans sa retraite de la cour et la vente des charges qu'il y occupait, la vengeance d'un homme blessé dans son amour-propre, par cette noblesse qu'il dégradait volontairement dans sa personne.

S'il s'est jamais formulé ce rôle, il a dépassé le but, de même qu'il ne l'a jamais atteint dans celui d'époux.

Ce qui a pu prêter à ces diverses interprétations de la conduite du jeune marquis, ce furent, sans doute, les réponses parfaitement saines et logiques qu'il fit devant le parlement, lors de son interrogatoire, avant son interdiction, notamment ce sarcasme qu'il lança malignement, contre les habitudes de la noblesse de cette époque : « Si au lieu de dépenser mon or, s'écria-t-il, « à faire honorer la religion que je professe, je l'avais « prodigué en chevaux, en voitures, à des filles d'O- « péra ou au jeu, je ne serais pas assis sur ces bancs. »

Sans doute que le coup judiciaire dont il était menacé avait opéré cette salutaire réaction, mais l'intérêt moral du marquis, l'un des bienfaiteurs de Brunoy, comme l'évidence, veut qu'on ne reconnaisse aucun calcul dans la conduite de ce jeune fou, de cet enfant gâté, étiolé par la fortune, qui eut toutes les passions, excepté celles que la nature fait excuser, par cela même qu'elle les embellit de tant de charmes.

Il tenait de cette même nature l'une des vertus de son père, la bienfaisance; il outra cette vertu; mais elle doit faire, aux yeux des habitants de Brunoy surtout, oublier ses vices et sa folie.

CHAPITRE II.

FÊTE DONNÉE A MARIE-ANTOINETTE. — M. BODEY.

Les habitants de Brunoy oublièrent bien difficilement leur jeune seigneur, et cependant, à aucune époque, Brunoy ne fut aussi brillant que pendant le temps où le comte de Provence, Monsieur, frère du roi, en fut propriétaire.

Ce fut de 1775 à 1781 que la reine Marie-Antoinette, se livra davantage aux plaisirs qu'on lui offrait alors de toutes parts; elle jouissait sans le savoir des seules années qui fussent, gracieuses et belles, réservées à une vie si courte et tant abreuvée de larmes.

La fête la plus noble et la plus galante qui ait été donnée à la reine, fut celle que *Monsieur* prépara pour elle à Brunoy, le 7 octobre 1776.

Lorsque la reine parcourut les jardins occupés maintenant par MM. Hulot, Riant, Hautoy et autres, elle trouva, dans l'un des premiers bosquets, des chevaliers armés de toutes pièces, endormis aux pieds d'arbres auxquels ils avaient suspendu leurs lances et leurs écus : un sommeil léthargique, causé par l'absence des beautés qui, au temps de Charlemagne, avaient inspiré tant de hauts faits à ces nobles preux, les tenait enchaînés, depuis plusieurs siècles; mais la reine paraît ; à l'instant ils sont sur pied ; des voix mélodieuses annoncent la cause et la fin de l'enchantement dont ils étaient victimes et le désir qu'ils ont de signaler leur adresse et leur valeur, ils saisissent leurs armes et s'élancent dans une vaste arène décorée dans le style des anciens tournois.

Cinquante danseurs en habits de pages présentent aux chevaliers, presque tous acteurs eux-mêmes de l'Opéra, vingt-cinq chevaux noirs et vingt-cinq autres d'une blancheur éclatante, tous très-richement harnachés.

Le parti à la tête duquel était Auguste Vestris, portait les couleurs de la reine. Prix, maître des ballets de la cour de Russie, commandait le parti opposé; il y eut courses à la tête noire, à la lance, à la bague, enfin combat à outrance parfaitement simulé.

Quoiqu'on fût bien convaincu que les couleurs de la reine ne pouvaient qu'être victorieuses, les spectateurs n'en éprouvèrent pas moins toutes les sensations d'anxiété que cause l'incertitude du triomphe.

Une grande revue de troupes, dont quelques anciens du pays se souviennent encore, eut lieu sur le plateau des Godeaux, le long de la route de Monsieur, et la journée finit par de brillantes illuminations, le jeu des grandes eaux et le bal.

Je promenais récemment mes rêveries sur le théâtre de tant de grandeurs, je cherchais à fixer dans mon imagination le lieu où chaque scène de cette fête, s'était accomplie, la place du tournoi, l'arène où de nombreux escadrons, de brillants mousquetaires, de nobles chevau-légers, tous jeunes alors, maintenant tous morts ou décrépits, avaient défilé sous les yeux de leur roi. J'aurais voulu découvrir jusqu'au grain de sable qu'avait foulé la reine, j'étais aux Godeaux, assis sur un tertre qui domine la vallée, je passais, moi aussi, une revue, celle des splendeurs d'un autre siècle bouleversé par lui-même, déjà presque oublié par le nôtre, lorsque, par une bizarre antithèse, apparut près de moi M. Bodey.

Qu'est-ce que M. Bodey?

C'est tout simplement un perruquier du village; mais je préfère Bodey à Figaro.

Athènes a possédé Démocrite et Diogène, Brunoy réunit les deux types en un seul. Comme le premier, Bodey rit de tout; comme le second, il se drape dans sa misère et a droit de s'en enorgueillir, non parce qu'il en fait parade, comme le philosophe grec, mais parce qu'il la supporte avec courage et sans jactance.

Généralement on considère Bodey comme le plus

malheureux des habitants de Brunoy, tout me porte à croire qu'il en est le plus heureux.

D'autres se contentent de peu, il en est arrivé à se contenter de rien.

Comme l'homme d'Horace, la misère le trouve impassible (*impavidum*), et cependant il eut ses moments de grandeur.

Un jour, il fut appelé comme coiffeur à l'honneur d'accommoder une tête couronnée : les épais et blonds cheveux de l'impératrice Marie-Louise durent leur lustre à ses talents artistiques, l'espace d'une soirée ; Napoléon fut ébloui de l'ouvrage de Bodey ; ce dernier ne le fut pas de sa fortune naissante, et cependant l'exemple de Dagé qui, 40 ans avant, coiffeur de la Dauphine, belle-fille de Louis XV, et de madame de Pompadour, Gascon, facétieux et rusé, sut profiter des dissensions survenues entre ses deux clientes, pour devenir l'une des puissances de la cour (1), était de nature à tourner la tête de notre *héros* ; il n'en fut cependant rien, Bodey eut raison, car les déceptions ne lui eussent pas manqué.

Depuis lors, en effet, il a constamment descendu et très-rapidement tous les degrés de l'échelle sociale, non sans trébucher quelquefois, car, il faut le dire à regret, notre philosophe tourne souvent à l'Anacréon, au Silène, l'amour du vin est une de ses faiblesses ;

---

(1) Mémoires historiques, par Soulavie, t. I.

l'histoire ne dit pas que Silène ait été riche; mais ce qu'il y a de certain c'est que Bodey a reculé les bornes des misères humaines, sans sourciller, sans humeur contre le sort, sans jalousie contre les heureux du jour, semblable à ces marins aventureux qui conservent leur gaieté et leur stoïcisme jusque sous les horreurs glacées du pôle arctique.

Destutt de Tracy a dit quelque part, que la misère est une nécessité; Bodey fait plus, il prouve cet aphorisme brutal, mais vrai.

Qui donc, me disait-il un jour, inspirerait l'ardeur du travail, l'amour de l'économie et l'abnégation des passions, si on n'avait pas sous les yeux quelques tristes victimes des misères sociales. Je sers, ajoutait-il, comme de garde-fou à la société.

Bodey, on le voit, sans être un orateur, s'exprime avec distinction, il a même conservé, quand il est à jeun, le vif sentiment du beau; je l'ai vu pleurant des larmes de joie, lorsque, après les affaires de juin 1848, il vit ses concitoyens revenant, comme gardes nationaux, de prendre part à la lutte antisociale qui avait ensanglanté Paris : ils avaient fait leur devoir, Bodey était content, il me fallut lui donner une cordiale poignée de main.

Tel est l'homme qui, au milieu de mes rêveries rétrospectives, s'offrit à mes yeux; c'était presque une bonne fortune, j'avais besoin de chasser quelques sombres pensées, je saisis l'occasion, et tout en revenant vers Brunoy, j'entamai la conversation; rien de plus facile d'ailleurs, Bodey adore la conversation et il la soutient avec avantage. Comme ce n'est pas moi qui en eus le côté philosophique et brillant, je n'hésite pas à reproduire une partie de celle que j'eus avec lui.

— Eh bien, mon brave, comment vont les affaires?

— Mal, monsieur le maire, mal, la politique atteint tout le monde, ses contre-coups arrivent jusqu'à moi, mes pratiques, ou laissent croître leur barbe sans doute en signe de deuil, ou elles me payent mal ou ne me payent pas du tout : faire banqueroute à Bodey ! je ne m'y serais pas attendu, je me croyais au-dessous d'une faillite, ce doit être certes la dernière période des malheurs publics.

— Je le croirais, en effet, il m'a paru vous voir quelque peu triste, contre votre ordinaire.

— On le serait à moins, nous sommes au lundi, je n'ai plus que 25 centimes en caisse, pour finir ma semaine; il faudra cependant bien que cela suffise, je n'irai en demander à personne. Le pis, c'est que je n'aime pas le pain sec, c'est une étude nouvelle que je vais avoir à faire, je m'y soumettrai, et le sacrifice sera certes moins pénible que celui que je me suis déjà imposé sur le tabac; avant février, j'en prenais, terme moyen, pour 10 centimes par semaine, je pouvais alors en offrir à quelques-uns de mes amis, c'était encore là un doux échange, une communion gracieuse que je pouvais me permettre avec mes concitoyens, au moins je ne recevais pas sans pouvoir rendre. Les événemens y ont mis bon ordre, je me suis privé de ce plaisir, les temps sont devenus durs, il a fallu se soumettre, je vis en égoïste, 5 centimes de tabac me suffisent maintenant.

Ce chagrin m'a rappelé celui que j'ai ressenti, lorsqu'il m'a fallu pour la première fois sortir avec un pantalon percé, je me figurais que tous les passants avaient les yeux fixés sur le délabrement de mon costume ; comme j'ai remarqué que cela n'avait frappé personne, je m'y suis fait, le pli est pris ; j'espère cependant bien ne jamais devenir un sans-culotte.

— Mais enfin comment pouvez-vous supporter tant de privations et conserver votre gaieté ?

— Je ne souffre que pour moi, c'est chose facile. Si j'avais des enfants, je serais plus malheureux, si les honnêtes gens me refusaient des marques de bienveillance et de sympathie, je serais encore bien plus misérable ; j'ai déjà là des motifs de consolation, puis au fond je suis plus heureux que vous : qu'une révolution arrive, vous êtes tourmenté, peut-être ruiné, moi je suis toujours le même. La maison que j'habite peut brûler, je n'ai qu'à me sauver. La banque peut être pillée, le trésor saccagé, Paris peut disparaître, tout cela ne me regarde pas. Enfin, je vais aux champs, je fais des châteaux en Espagne, le domaine des idées et des rêves, me consolerait de la réalité, si j'avais besoin de consolation.

— N'avez vous jamais rien fait pour sortir de la misère?

— Peu de chose, je crois que Dieu ma placé sur la terre, pour être misérable, c'est mon rôle, c'est dans ma nature, dans mes habitudes, presque dans mes goûts. Peut-être que plusieurs de mes concitoyens, en voyant mes vêtements en lambeaux, ont travaillé plus activement pour en avoir de neufs, peut-être que mon dénûment a fait naître bien des idées d'ordre, de tempérance et d'économie; j'ai dû rendre plus d'un service de ce genre; je suis peut-être, sous ce rapport, l'homme le plus utile du pays.

— N'avez-vous pas considéré notre dernière révolulution, comme le terme fatal des misères des classes pauvres?

— Un moment je me suis laissé aller aux idées nouvelles, ç'a été l'affaire d'un instant et le temps le plus malheureux de ma vie : en me disant que la propriété était un vol, on a failli me voler ma résignation; j'étais devenu jaloux, envieux, colère; on m'avait rendu l'ennemi de tout ce qui était au-dessus de moi, par conséquent de tout le monde. Un jour je me suis dit que quand bien même toutes ces belles idées réussiraient, je ne saurais pas fixer la fortune, que je serais bientôt aussi malheureux qu'avant, que lorsque je serais riche, d'autres auraient le droit de me haïr, qu'enfin la fortune a bien aussi ses épines, puisqu'elle vous suscite des ennemis : ces idées m'ont dégrisé, je suis redevenu Bodey comme devant, je n'en suis que plus heureux.

J'étais arrivé à ma porte; je quittai mon bizarre interlocuteur, l'âme serrée des souffrances de l'un de mes semblables, mais frappée de cette idée consolante que si Dieu dans l'intérêt des hommes et pour exciter leur émulation et leur ardeur vers le bien, a dû, dans ses admirables desseins les créer tous inégaux en force et en intelligence, et rendre dès lors la misère nécessaire et inévitable, il avait doté les malheureux d'un trésor inépuisable de résignation et de courage, et qu'il y avait crime social à porter atteinte par de folles et incendiaires prédications à ce don du ciel, seule consolation des pauvres.

J'envoyai le soir une culotte non percée à Bodey, et me promis de le recommander à mes concitoyens, je remplis aujourd'hui ce devoir.

CHAPITRE VIII.

ÉGLISE DE BRUNOY. — JEAN GUILLOU. — SAINT ROCH ET SAINT MÉDARD.

Suivant l'abbé Lebœuf, le chœur est du treizième siècle, la nef n'a été bâtie que postérieurement.

Sur la face occidentale de la tour du clocher, se trouve l'inscription suivante :

L'an 1539, le vingt-deuxième jour de juin, fut posée la première pierre, par noble dame Françoise de Rony, veuve de défunt messire Pierre de Lannoy.

Sur les deux piliers de face, sont sculptées en pierre les armes de la famille de Lannoy.

Sur le premier pilier septentrional, se trouve un écusson sculpté portant huit coquilles ; la barre du petit écu est en bosse.

Je crois que ces armes sont celles du prince d'Elbeuf.

La grosse cloche, la seule qui reste de huit que le marquis de Brunoy avait données à l'église, porte l'inscription suivante : L'an 1769, j'ai été donnée et nommée, Théodore-Louise-Françoise, par messire Armand-Louis-Joseph Pâris de Montmartel, marquis de Brunoy, comte de Sampigny, baron de Dagouville, seigneur du château Meillan et autres lieux, et premier maître d'hôtel du Roi, et par dame Françoise-Emélie de Pérusse d'Escars, son épouse; bénite par messire François Andrain, licencié en théologie de la faculté de Trèves, curé dudit Brunoy.

René François Gillot, marguillier en charge, Denis Bras, marguiller en second.

Louis et Charles Gaudivau m'ont faite.

Les huit cloches dont je viens de parler, formaient une octave complète de sons gradués. Le marquis de Brunoy devait organiser un carillon, au moyen duquel, comme dans certaines villes d'Espagne, de Franche-Comté et de Flandre, on eût pu jouer tous les airs.

Ce projet n'a jamais été mis à exécution; mais on m'a affirmé qu'un sieur Jean Guillou, alors sonneur de la paroisse, sans autre guide que son amour pour ses cloches et son instinct pour la musique, sans même le secours d'un clavier, mais en rattachant par une corde les huit battants à ses pieds, ses mains, ses coudes et ses genoux, était parvenu à jouer très-convenablement quelques airs simples et peu chargés de notes.

Malheureusement, un jour qu'ainsi trop intimement lié à chacune de ses cloches, il avait bu, comme il est permis à tout honnête sonneur de boire, et qu'il s'était endormi au milieu de son air favori, on vint pour mettre toute la sonnerie en branle, et notre pauvre carillonneur se trouva tiraillé en tous sens, de la petite à la grosse cloche, du bourdon à la clochette, tant et si bien que, si on ne se fût aperçu à temps de l'obstacle, Jean Guillou eût lui-même tinté son glas funèbre.

La profusion des ornemens de l'intérieur de l'église, ses brillantes dorures, ses marbres, ses sculptures, dénotent, sinon le bon goût, tout au moins la magnificence du donateur, le marquis de Brunoy, et la solidité avec laquelle travaillaient nos pères.

On voit encore le long des murs extérieurs les traces d'une large bande noire, avec les écussons de la famille de Montmartel, le tout peint, par les ordres du jeune marquis, en signe de deuil, à l'occasion de la mort de son père, arrivée en 1766.

Nous avons vu plus haut qu'une seule procession de la fête-Dieu, dirigée par lui, coûta plus de deux cent mille livres.

Les ornements sacerdotaux dont il fit successivement cadeau à l'église de Brunoy, étaient d'une telle richesse, qu'en 1785, la vente de ceux qui parurent inutiles à l'évêque de Versailles ayant eu lieu, elle produisit 147,440 livres, qui furent placées en rentes permises, est-il dit en la délibération à ce relative, à gens de mainmorte.

Ces rentes et d'autres plus importantes furent, en 1793, confisquées et versées dans les caisses de l'Etat (1). Jamais la commune n'en fut indemnisée ; de là sa pauvreté.

Quelques peintures remarquables ornent la nef, un saint Joseph attire surtout les regards.

C'est dans l'église de Brunoy que fut sacré M. Billard, évêque d'Olimpe, le dimanche de l'octave de la Fête-Dieu, 1747 (2).

Elle est sous l'invocation de saint Médard, évêque de Noyon, et de saint Roch.

Avant la révolution, elle possédait comme reliques un os du fémur de saint Médard, et antérieurement un os du col de saint Roch.

Albert Crantzius, en son Histoire ecclésiastique qu'il appelle *Métropolite*, livre IX, chapitre 25, dit que saint Roch, natif de Montpellier, abandonna son pays à l'âge de douze ans, et s'en alla en Italie, où en plusieurs villes il fit cesser la peste par le seul signe de la croix, et qu'il décéda, en 1327, à l'âge de 32 ans; et qu'à Constance, ville d'Allemagne, le grand concours de peuple attiré par le concile général qui s'y tint en 1415 ayant provoqué la peste, on porta son image, dans

(1) Registres de la fabrique.
(1) Abbé Lebœuf.

une solennelle procession, et que la contagion cessa immédiatement.

A la veille du retour du choléra, mes concitoyens doivent bien se féliciter d'avoir un tel patron.

L'os du col de saint Roch, vulgairement appelé le nœud de l'échine, dont nous avons parlé plus haut, fut donné à l'église de Brunoy, en 1533, par Guillaume Levavasseur, chirurgien de François Ier, en vertu de lettres de notre saint-père le pape, datées à Marseille de 1533, portant que ceux qui visiteront ladite relique auront droit à autant d'indulgences que s'ils visitaient l'église de Saint-Pierre et de Saint-Paul de Rome.

Cet os a disparu longtemps avant la révolution, sans qu'aucune trace soit restée de sa translation.

Je n'ai rien appris de saint Médard, si ce n'est sa déplorable incontinence pluviale et son surnom populaire, que je n'ose reproduire ici, de peur de faire rougir mes lectrices.

CHAPITRE IX.

LES BEAUSSERONS. — LEUR ORIGINE.

Les traditions populaires assignent pour origine au hameau des Beausserons l'établissement d'un assez grand nombre d'ouvriers de la province de Beauce ou Beausse, attirés à Brunoy par les immenses travaux exécutés, vers 1726, par M. Pâris de Montmartel, marquis de Brunoy.

D'autres, et l'abbé Chastelain est du nombre, pensent que les premiers habitants de cet écart, voisin de de la forêt, étaient tous bûcherons, et que pour cette cause il faudrait les appeler boscherons.

Je suis fâché d'avoir à détromper mes concitoyens, et à substituer à ces origines tout honorables, une autre moins satisfaisante pour leur amour-propre; mais qu'ils se consolent, Rome, fondée par des voleurs, a dominé et ébloui le monde.

Maintenant disons la vérité :

A Paris, au quartier des Halles, non loin de la cour

des Miracles, et non loin encore du carrefour Guillori, existait anciennement une place dite de la Beausse, sur laquelle Jacques Dubreuil, l'auteur du *Théâtre des antiquités de Paris*, s'exprime ainsi :

« Au lieu maintenant dit, le carrefour Guillori, il y
« avait un pilori, où l'on mettait les mal-faicteurs et
« leur coupait quelques fois les oreilles, et en la place
« à présent dite du Trioir ou Tiroer, on tirait, selon
« Carrozet, les bestes, ou selon quelques auteurs, cette
« croix qui est en cette place, fut toujours surnommée
« du Trayoir, depuis que la reine Brunehaut fut ti-
« rée à quatre chevaux, sous le règne de Clotaire se-
« cond.

« Tout ce qui arrivait du pays de Beausse se vendait
« en la place, où est pour l'heure une halle qu'on
« nomme encore de Beausse (1). »

Les noms de Beausserons, de carrefour Guillori et de cour des Miracles, qui s'appliquent encore de nos jours, aux différents quartiers du hameau dont nous nous occupons, prouvent jusqu'à l'évidence qu'une émigration d'habitants, sortis des quartiers que je viens de nommer, éconduits de Paris par les sages ordonnances de 1561 et de 1612, renouvelées en 1661 et 1693, vint s'établir près de la forêt de Senart qu'ils trouvèrent, selon toute apparence, favorable à leur industrie et à leurs habitudes.

(1) Dubreuil, livre Ier, f° 4.

Ce qu'il y a de certain, c'est qu'ils y formèrent souche de très-honnêtes gens; car, si pendant longtemps on put reprocher quelques méfaits à certaines familles, si quelques membres de ces familles méritèrent le surnom de marguilliers de la Pyramide; si Poulailler, le fameux voleur, trouva parmi eux un refuge et des associés, il faut le dire avec toute vérité, le travail seul maintenant y est en honneur; et mes très-honorables concitoyens des Beausserons ne laisseraient rien à désirer, si quelques-uns, sans doute par respect pour une tradition venue de père en fils jusqu'à eux, n'étaient trop religieux sectateurs du culte de Bacchus.

CHAPITRE X.

THÉRÉSIA. — FATALITE.

> J'ai vécu, j'ai passé ce désert de la vie,
> Où toujours sous mes pas chaque fleur s'est flétrie.
> *Méditations* (LAMARTINE).

Aux Beausserons, non loin de l'obélisque de la forêt de Senart, à quelques pas de la grande route de Lyon, dans l'intérieur du parc de M. Adeline, existe une tour sur laquelle le nom de *Thérésia* est incrusté en lettres mosaïques or; elle est entourée de mélèzes; une longue avenue de noirs sapins y conduit; autour d'elle, tout inspire la tristesse et le recueillement.

Cette tour, bâtie par le comte Dupont-Chaumont, lieutenant général des armées françaises, ancien ambassadeur à Turin, ne s'ouvrait jamais que pour lui; il y passait de longues heures dans la méditation; souvent je l'ai vu en sortir, triste, abattu, des larmes mal séchées brillaient dans ses yeux.

Pendant plusieurs années, ma curiosité fut vivement excitée; plus tard, lorsque l'intimité, résultat de longues relations et de services rendus, apporta plus d'expansion entre le général et moi, j'osai hasarder quelques consolations sur un chagrin dont j'ignorais les causes, mais dont je voyais les traces profondes sur son noble front. Longtemps il se roidit contre mon affection, longtemps il garda le silence, et j'avais perdu l'espoir d'adoucir ses peines en obtenant sa confiance, lorsqu'un jour il me fit appeler près de lui, à l'occasion d'un revers de fortune, pour lequel mes conseils lui étaient nécessaires. Je le trouvai en proie à la plus sombre surexcitation fébrile; ses mains crispées pressaient son front, ses yeux se fixaient, tantôt sur un médaillon que ses larmes avaient baigné, tantôt sur un trophée d'armes appendues en face de lui. C'est à peine si mon entrée put le distraire de sa contemplation et de ses douloureuses préoccupations.

Après m'avoir entretenu de l'affaire pour laquelle il avait requis mon ministère, Vous le voyez, me dit-il, ma ruine est à peu près complète, c'est à peine s'il me restera de quoi faire honneur à mes engagements, il y a vingt ans que je n'ai eu le courage de m'occuper de mes affaires : l'intérêt de mon nom, le désir de liquider les dettes que ma négligence a laissées accumuler, me forcent à vendre mes propriétés, chargez-vous de ce soin. Celle que j'habite me laissera des regrets ineffaçables, elle se mêle à des souvenirs qui ont dominé ma vie; m'en séparer serait au-dessus de mes forces. Si la délicatesse ne me le commandait, j'aurais voulu mourir avant cette séparation, ajouta-t-il, en regardant ses armes; mais c'est encore pour moi un devoir d'attendre. Maintenant je dois à votre vive affection de déposer dans le sein de l'amitié le secret de mes peines, je m'acquitte envers vous.

Voici ce qu'il me raconta. Les circonstances dans lesquelles se trouvait le général, sa mâle figure, torturée par le chagrin, sa voix vibrante d'émotion; les dispositions de mélancolie et de tristesse dans lesquelles mon esprit se trouvait, tout contribua à produire sur moi une vive impression : je n'essayerai pas de la reproduire, je me suis même souvent étonné depuis qu'une aussi simple histoire, dénuée de tous les éléments du drame, ait su produire sur moi un effet aussi saisissant. Je me borne à raconter.

Jeune et déjà lieutenant général des armées françaises, je fus chargé, au commencement de l'Empire, des hautes fonctions d'ambassadeur à Turin; mes occupations peu nombreuses, et mes plaisirs moins fréquents encore, me laissaient de longs moments de loisir. C'est peut-être à l'un de ces instants de désœuvrement que je dus de voir ma vie troublée et bouleversée par une de ces aventures insignifiantes à leur début, mais grosses en réalité d'orages et de malheurs.

Je reçus un jour dans mes dépêches une traite sur le banquier de l'ambassade, à l'ordre d'une demoiselle Thérésia, demeurant à Turin, précisément en face de l'hôtel que j'habitais.

Cette circonstance, tout ordinaire, n'avait rien qui pût piquer ma curiosité, elle rentrait dans le cercle des services officieux que l'ambassade était journellement appelée à rendre à nos nationaux : elle me frappa cependant.

Je pouvais faire remettre cette lettre de change à son adresse, contrairement à mes habitudes ordinairement indolentes, je la portai moi-même : la fatalité me poussait.

Je ne vis jamais rien de plus accompli que Thérésia, près d'elle, Pétrarque eût renié son amour ; Châteaubriand eût refait le portrait d'Atala ; Corinne fût descendue du cap Misène ; tout ce que j'avais lu, tout ce que j'avais vu, tout ce que mon imagination avait rêvé dans ses extases du printemps de la vie, était dépassé ; mon sort était fixé, j'aimais ; c'était la première fois, ce fut la seule.

Thérésia dut s'apercevoir de la révolution qui venait de s'opérer en moi, je crus remarquer un éclair de sensibilité et de bienveillance jaillir de ses grands yeux noirs, tout au moins j'en ressentis l'effet électrique.

Ce ne fut qu'avec peine et après un long intervalle

que je pus me remettre de ma vive émotion, et lui faire connaître ma qualité et l'objet de ma visite.

Plusieurs fois, me dit-elle avec une noble modestie, j'ai refusé de semblables envois, j'en ignore la source : si l'origine en pouvait être avouée, on me l'eût fait connaître; mon travail suffit à mes besoins dont je restreins le cercle, je ne puis que refuser un bienfait anonyme.

Le son harmonieux d'une voix limpide et pure, exprimant des sentiments d'une haute dignité, que je m'attendais si peu à trouver dans une mansarde, acheva l'œuvre de magie qui s'emparait de tous mes sens et absorbait toutes mes facultés. Le coup était trop rude et trop inattendu, je ne pus que balbutier quelques excuses et me retirer.

Je rentrai à mon hôtel, honteux de moi-même : militaire, diplomate, homme à bonnes fortunes, je n'avais pu que rougir et me troubler devant une simple ouvrière; la crainte qui me saisit que cette modeste fille ne pût me trouver ridicule me prouva que je l'aimais.

Cette crainte ne contribua pas peu à irriter mon imagination déjà embrasée; le désir de voir Thérésia, de me montrer à elle sous un aspect plus favorable ne me quitta plus. Thérésia devint l'occupation de mes jours, le doux rêve de mes nuits.

Je pris quelques informations; rien de plus simple que ce qui se rattachait à cette jeune personne.

Sa conduite était exemplaire, la considération dont elle jouissait dans le voisinage était absolue.

Arrivée en bas âge à Turin, sous la conduite d'un simple ouvrier, qui se disait son père, elle avait été recueillie, après la mort de ce dernier, par la veuve d'un colonel français que la misère de l'orpheline, ses grâces enfantines et la similitude d'origine, avaient vivement touchée.

Cette charitable dame lui offrit sa maison, la traita comme sa fille et lui fit donner une éducation brillante; elle la fit heureuse; ce bonheur dura huit ans.

Dans l'année qui avait précédé mon arrivée en Sardaigne, la protectrice de Thérésia était morte subitement. Tout faisait penser qu'elle aurait assuré l'avenir de sa fille d'adoption, il n'en était rien; soit que la mort l'eût frappée trop inopinément, soit qu'elle eût pensé avoir épuisé, en élevant Thérésia, la somme des bienfaits que comportaient ses devoirs envers sa famille, soit enfin la fatalité qui domine toute cette triste histoire, aucun testament ne put être découvert, et les collatéraux repoussèrent d'autant plus durement l'orpheline, qu'elle leur avait inspiré plus de crainte.

Thérésia supporta l'infortune avec une énergie au-dessus de son âge; elle se retira dans la chambre modeste où je l'avais trouvée, se recommanda aux personnes que sa mère adoptive lui avait fait connaître; on lui offrit des secours, elle accepta du travail.

Ses devoirs religieux, quelques visites à la tombe de sa bienfaitrice, près de laquelle elle ne rencontra jamais ceux qui avaient profité de sa fortune, ses travaux d'aiguille, absorbaient tous ses instants.

J'aurais dû fuir ; tous ces éloges m'enivraient ; je sentais que sous cette fleur parfumée d'une suave odeur de vertu, se cachait un immense danger ; je le voyais, et ne pouvais m'y soustraire. Les exigences de famille, la critique du monde, la distance des positions sociales, tout élevait, entre Thérésia et moi, une barrière infranchissable. Je le reconnaissais et m'entêtais dans mon fol amour. J'avais le vertige ; je ressemblais à ces animaux, qui, surpris par l'incendie, éblouis, stupéfiés, s'acharnent à périr.

Je passerai sous silence les mille ressorts que je fis mouvoir, pour me rapprocher de Thérésia. Je parvins quelquefois à la voir chez elle; quelques mots, empreints d'une modeste chasteté, suffirent pour m'éloigner.

« Je confie, me dit-elle, ma réputation à l'affection « que vous dites me porter. »

Je fis meubler, dans les combles de mon hôtel, un réduit dont les croisées se trouvaient en face de celles de Thérésia; j'y passais mes journées à la contempler. Tout ce qui pouvait me distraire de ce plaisir, me paraissait insupportable; je négligeais mes devoirs; je vivais dans un état d'affaissement physique, d'apathie morale qui, s'il se fût prolongé, m'eût conduit à la folie.

Un accès de jalousie me tira de ce marasme.

Depuis quelque temps, je voyais un jeune homme entrer chez Thérésia. Sa mise était recherchée, ses manières distinguées, tout me faisait redouter un rival dangereux.

Un Corse n'eût pas ressenti un plus vif besoin de vengeance, que celui que cette idée injecta dans mon esprit. Je pris des informations sur cet étranger, j'appris qu'il se nommait Georges Cottin, qu'il logeait dans un hôtel voisin de l'ambassade, qu'arrivé depuis peu, il avait annoncé son prochain retour en France.

Dans ces entrefaites, mon secrétaire soumit à ma signature le visa du passe-port de ce voyageur; il avait demandé qu'on fît mention dans ce visa, qu'il rentrerait en France, accompagné d'une dame; je refusai de signer.

Etait-ce Thérésia qui devait suivre Georges Cottin? Quels liens secrets pouvaient exister entre eux? Moi qui poussais le respect jusqu'à ses plus extrêmes limites, serais-je victime d'une intrigue, et me laisserais-je enlever l'objet de mes plus chères affections? Ces soupçons que je repoussais sans cesse, obsédaient mon esprit, je courus chez Thérésia.

J'appris d'elle qu'elle ne connaissait Georges Cottin que depuis quelques jours, qu'il s'était présenté comme le fils de celui de qui provenaient les secours qu'elle avait constamment refusés; que ce dernier, en mourant, lui avait confié qu'il portait à Thérésia le plus vif intérêt, qu'il l'avait invité à veiller, avec une scrupuleuse attention, à ce que son avenir fût assuré, et même à faire tous ses efforts pour qu'un mariage unît leurs destinées. Que pour arriver à ce but, Georges Cottin avait offert de faciliter tous les renseignements qu'il conviendrait à Thérésia de prendre, et sur sa personne et sur sa fortune qui paraissait brillante.

Que c'était sans doute dans la prévision d'une acceptation de sa part, qu'il avait fait rédiger son passeport tel que je l'avais remarqué.

Que, du reste, quelque convenables et dignes que fussent ces propositions, elle venait de refuser catégoriquement.

L'idée d'un rapt me saisit; comme ambassadeur, j'avais mille moyens de l'éviter, s'il était médité. Je pouvais faire surveiller mon rival, je pouvais même le faire arrêter : j'en repoussai l'idée.

J'étais militaire! j'envoyai mon cartel, et le lendemain nous nous rencontrâmes sur le terrain.

Nos témoins firent de vains efforts pour empêcher un combat sans motifs apparents; j'opposai l'outrage au refus que mon adversaire fit de se battre contre quelqu'un qu'il n'avait jamais vu, et qui par sa position d'ambassadeur lui devait au contraire protection contre toute violence. Enfin, nous croisâmes le fer et tombâmes bientôt, lui, mort, moi, mourant.

Transporté à mon hôtel, je ne rouvris les yeux, plusieurs jours après, que pour passer de l'anéantissement au comble du bonheur ! Thérésia était là, elle avait tout appris, elle était accourue, m'avait prodigué les soins les plus tendres, elle m'avait rappelé à la vie. Elle m'aimait ! elle m'aimait !... Son amour m'avait repris le dépôt de sa réputation, elle n'en éprouvait aucuns regrets.

Ma convalescence fut trop courte; j'appris en peu de temps à connaître tous les trésors de bonté, de dévouement, de tendre pitié et d'amour, que Thérésia laissait déborder de son cœur; j'étais honteux de n'avoir à lui offrir que ma fortune, mes titres et ma main.

Elle refusa tout, et ma proposition fut même le signal de son départ. Le lendemain, à l'heure où j'avais l'habitude de la voir paraître, j'appris qu'elle avait quitté l'hôtel, laissant une lettre dans laquelle elle me faisait connaître son irrévocable décision de ne pas se marier, de ne pas m'exposer à des regrets, enfin de ne pas compromettre ma carrière, mon avenir, mes relations de famille.

Cette lettre, empreinte du dévouement le plus pur, me navra de douleur, comme si je ne me fusse jamais présenté les cruelles objections qu'elle contenait. Je secouai le reste de faiblesse qui me retenait à l'hôtel, je multipliai mes visites près de Thérésia, j'employai tout ce que l'amour put me suggérer de persuasion et d'entraînement, pour la faire renoncer à sa détermination, ce fut en vain.

De ces enivrantes entrevues, je ne retirai que cette conviction : que Thérésia sacrifierait à son amour, plutôt sa sainte et virginale pureté, que ses scrupules et sa délicatesse; qu'il me serait, en d'autres termes, plus facile d'en faire ma maîtresse que ma femme.

Le lendemain elle avait quitté Turin, fuyant les dangers que son cœur lui faisait courir. Je fis de vains efforts pour suivre ses traces.

A partir de cette funeste séparation, les événements se succédèrent pour moi avec une effrayante rapidité.

Soit que mon duel et les circonstances fâcheuses qui l'avaient accompagné, eussent appelé sur moi l'attention et la défaveur du gouvernement français, soit que l'état d'apathie, dans lequel je vivais, m'eût fait négliger mes devoirs ; comme ambassadeur, je reçus les lettres de mon rappel, et comme militaire l'injonction précise de rentrer immédiatement en France.

J'arrivai à Paris, des ordres de mise en activité pour l'armée m'y attendaient; j'aurais dû accepter, c'était pour moi un moyen d'oublier; je refusai et me retirai pourvu d'un congé, dans ma propriété de Brunoy, attendant avec impatience des nouvelles de Turin.

Après quelques mois d'attente et d'anxiété j'y envoyai François, mon valet de chambre, fidèle serviteur que je tenais de mon père.

Thérésia, après être revenue à Turin, avait de nouveau quitté cette ville.

A quelque temps de là, je reçus une lettre. Thérésia, trompée par les feuilles publiques et par la similitude du nom et des grades, l'avait adressée à mon frère aîné, comme moi lieutenant général, alors pourvu depuis peu, du commandement en chef, d'un corps d'armée en Espagne. Cette lettre, après des retards bien déplorables par les résultats qu'ils eurent, m'était retournée par mon frère.

Thérésia m'écrivait avec les expressions d'un ineffable bonheur, que tous les obstacles à l'union que j'avais tant désirée étaient levés, qu'elle connaissait sa famille, et possédait une fortune égale à la mienne; qu'en présence du désintéressement que j'avais mis dans le temps, à lui offrir tous les avantages de ma position, elle devait vaincre la timidité et la réserve inhérentes à son sexe, et m'offrir un mariage qu'elle avait repoussé contre tous les vœux de son cœur.

Elle me faisait connaître que peu de temps après mon départ, on avait fait lever les scellés apposés sur les effets de Georges Cottin, que le dépouillement de ses papiers avait fait reconnaître, que la pauvre Thérésia était fille du comte de Cérilly, seul représentant de l'une des plus anciennes familles de France, tué au combat de Heidelberg, à l'armée de Condé.

Quelque temps avant son émigration, il avait assuré

par des actes en règle, la majeure partie de sa fortune territoriale à sa fille unique, et avait confié sa personne et la gestion de ses biens à son régisseur, François Cottin, père de Georges Cottin, mort sous mes coups à Turin.

Que, soit pour profiter de ses biens en cas de mort, soit pour l'amener plus facilement à ses projets, François Cottin avait, pendant la tourmente révolutionnaire, fait disparaître Thérèse de Cérilly, l'avait envoyée en Sardaigne et laissée dans un état voisin de la misère, prêt à la faire reparaître, ou à la laisser dans son obscurité, suivant les besoins de ses projets et de ses intérêts.

Qu'enfin sur le point de mourir, il avait cru devoir confier son secret à son fils, en l'engageant à faire tous ses efforts auprès de Thérésia pour l'amener à un mariage qui consoliderait dans ses mains la fortune de l'orpheline.

Mon premier sentiment, en lisant cette lettre, fut celui d'un bonheur indicible ; mais une réflexion subite vint me frapper au cœur. Cette lettre datait de quatre mois, Thérésia n'était plus à Turin ! qu'était-elle devenue ? Impatiente de n'avoir reçu aucune réponse, avait-elle pris la route d'Espagne ? Sans argent, sans ressources, de quels dangers ne serait-elle pas entourée au milieu de la conflagration générale de la Péninsule ?

Comment retrouver ses traces? Ces incertitudes poignantes me dévoraient.

J'étais dans cet état de perplexité; absorbé dans mes tristes pensées, j'avais dirigé mes pas instinctivement du côté de la route de Lyon; tout, autour de moi, contrastait avec ma tristesse; c'était le soir : la journée avait été belle, le soleil, à son déclin, enflammait encore l'horizon de ses innombrables reflets d'or et de pourpre, des milliers d'oiseaux gazouillaient dans la forêt; le bruissement des insectes, le cri des faisans et les mille bruits vagues et indéfinissables qui précèdent le repos de la nature, tout chantait le bonheur; moi seul étais malheureux, mes regards se projetaient machinalement sur la longue perspective qui commence à l'Obélisque et finit à Lieusaint, je regardais sans voir, mes pensées voilaient mes yeux; tout à coup, j'entends un cri! une voiture publique s'arrête à la petite porte de mon parc, Thérésia, soutenue par mon valet de chambre, en descend; mais pâle, épuisée, sans forces. Je vole dans ses bras, je la reçois évanouie dans les miens; je la porte à l'endroit où depuis, j'ai fait construire la tour qui porte son nom.

Là, je cherche à la ranimer, je la couvre des plus tendres baisers, je l'appelle à grands cris; vains efforts! elle était morte! Son premier baiser d'amour avait fait envoler son âme! Je l'avais pressée dans mes bras, pour la première, pour la dernière fois!

A cet instant, je fus, sans doute, frappé de la foudre, car pendant plusieurs heures je restai sans mouvement, écrasé par la douleur. Quand je rouvris les yeux, je vis mon fidèle François, pleurant sur Thérésia et sur moi, dans un état voisin de l'idiotisme; il m'avait cru mort, et n'avait pas même songé à appeler du secours.

Les dépouilles mortelles de l'infortunée Thérésia reposaient là, déjà froides comme le marbre. La conserver près de moi me parut dans le naufrage de toutes mes félicités, le seul bonheur auquel ma vie pût désormais aspirer, cette idée seule m'empêcha de me tuer. J'aurais poignardé celui qui fût venu pour me l'enlever. Je ne connaissais à Thérésia aucun parent à qui la remettre, il eût fallu d'ailleurs m'occuper des soins que cette remise eût nécessités; rendre le magistrat et le public froids confidents de mon malheur, je ne m'en sentis pas le courage; aidé de François, je creusai une fosse au plus profond du bois, sous les plus hautes bruyères de mon parc, j'y déposai Thérésia et toutes les joies de ma vie !..

Moi seul connais, maintenant, la place : c'est le seul secret que je veuille garder avec vous, me dit le général; je veux qu'après que je l'aurai quittée, personne ne puisse venir troubler son repos éternel. Sa tombe solitaire, délaissée par moi, ne doit plus tressaillir que sous les pas du chasseur.

Il se tut. Je respectai ses sombres pensées, ce ne fut

que quelques jours après que j'appris ce qui avait causé la mort de Thérésia.

Le sacrifice que son dévouement lui avait imposé, le silence du général, inexplicable pour elle, les fatigues, les privations d'un long et douloureux voyage à travers la France et l'Espagne ; l'excès du bonheur, de l'espérance et de l'incertitude, enfin la fatalité, avaient tué en peu de mois la plus noble et la plus belle création de la nature. Thérésia n'avait rencontré François qu'à Lyon, alors que déjà, elle n'avait plus de forces que ce qu'il en fallait pour revoir l'objet de son amour.

Devais-je faire connaître les tristes détails qui précèdent ? Le général était mort, immédiatement, après la vente de sa propriété ; il ne m'avait pas imposé le secret ; les faits que ce récit comporte, sont en tous points honorables ; personne ne pouvait avoir intérêt à mon silence ; j'ai consulté ma conscience, je l'ai trouvée tranquille ; heureux, si j'ai attiré quelque pitié sur la tombe inconnue de Thérésia !

Je ne chasse pas de fois, dans le parc de M. Adeline, que ce souvenir ne me suive dans les bruyères ; involontairement, je cherche la place.

CHAPITRE XI.

CROIX DE VILLEROY. — OBÉLISQUE. — FORÊT DE SENART.
HENRY IV. —BRISSON. — LE MEUNIER MICHAUD.

Sur la grande route de Paris à Lyon, très-près de l'endroit où s'est accomplie la scène que nous venons de crayonner, on voit d'abord au point de jonction de la route départementale qui conduit à Brunoy, un obélisque vulgairement et à tort appelé dans le pays *la Pyramide*, puis, environ à quatre kilomètres de cet obélisque, une croix entourée d'arbres séculaires, nommée *la Croix de Villeroy*.

Aucun souvenir historique ne se rattache à l'obélisque, aucune inscription n'appelle l'attention du voyageur : une longue suite de noms plébéiens et obscurs, gravés grossièrement à la pointe du couteau sur un socle royal, attestent la vanité de l'homme et son inanité.

Bâti par les ordres de Louis XV, dans de belles proportions, en fortes pierres de grès, ce monument a vu, comme lieu de rendez-vous, toutes les splendeurs des chasses de Louis XV, de Louis XVI, de Napoléon, de Louis XVIII et de Charles X, il a survécu à six règnes. Deux fois on a gravé sur ses pierres l'ère de la république. Dans le tourbillon qui nous entraîne, que ne verra-t-il pas encore d'ici à peu?

Le duc d'Angoulême affectionnait surtout la forêt de Senart pour ses chasses à courre.

Je l'ai vu faisant la curée, non loin de l'obélisque, à la mare aux Canes, renversé violemment par la meute affamée, pour avoir donné prématurément le signal du laissez prendre.

Peut-être aussi qu'un déjeuner trop libéralement arrosé avait précipité sa chute.

Quoi qu'il en soit, ce fut avec peine que le prince fut soustrait aux déchirantes conséquences de cette irruption canine, par les grands officiers de la couronne, indignés de voir fouler aux pattes des chiens celui aux pieds duquel ils s'étaient si souvent prosternés.

Louis XVIII, peu amateur de la chasse, qu'il suivait en voiture, venait quelquefois, cependant, visiter la forêt de Senart, pour se rapprocher des lieux peuplés des souvenirs de sa jeunesse; il quittait alors sa suite, descendait à Brunoy, et visitait ses anciens domaines. M. Hulot, comme maire de Brunoy, fut souvent appelé à lui rendre les honneurs dus à son rang. Quelquefois aussi le roi le chargea, pour les pauvres du pays, des marques de sa munificence.

Madame la duchesse d'Angoulême, à plusieurs reprises, dirigea ses promenades vers Brunoy. Un jour qu'incognito, elle avait pénétré dans l'une des plus belles propriétés du village, qu'elle avait souvent visitée et même habitée dans son enfance, le propriétaire d'un côté, le jardinier d'un autre, la surprirent dans un de ces moments, où, privée des ressources secrètes de son palais, elle avait cherché derrière une serre, sur une couche chaude, entre deux melons, un de ces moments de solitude nécessaires aux princesses, comme à la plus humble des paysannes.

Le propriétaire, peu charmé du dépôt qu'on voulait lui faire, ne soupçonnant du reste pas la nièce d'un roi, dans une position aussi plébéienne, la congédia cavalièrement, disant sans doute comme Horace : « *Non erat hic locus.* » La princesse, confuse ou tout au moins peu satisfaite, se retira chez la dame Motteau, aubergiste du lieu, qui la reçut dans l'endroit le plus secret de son hôtel, où elle put cacher son trouble et la cause poignante de son embarras.

Brunoy ne la revit plus.

C'est dans la forêt de Senart que la belle Lenormand d'Etiolles, née Poisson, sut attirer les regards de Louis XV ; dans toutes les parties de chasse de ce prince, elle paraissait non loin du château d'Etiolles, qu'elle habitait, tantôt vêtue d'une robe d'azur, dans un phaéton couleur de rose, et tantôt couverte d'étoffes couleur de rose, dans un phaéton d'azur.

Cette bizarrerie, l'éclatante beauté de madame d'Etiolles, frappèrent le roi ; il la fit venir à la cour, l'y fixa et en fit sa favorite officielle, sous le titre pompeux de marquise de Pompadour.

Le père de mademoiselle Poisson était boucher ; sa mère, en servant ses pratiques, avait coutume de dire que sa fille était un morceau de roi.

Elle ne se trompait pas ; la suite l'a prouvé.

Je ne finirais pas mon livre, si je racontais la centième partie des anecdotes qui se rattachent à cette femme, tristement célèbre.

La croix de Villeroy a été érigée en souvenir d'un fait historique de la plus haute portée.

En 1592, Henri IV avait à lutter contre la ligue, l'Espagne et Rome pour conquérir un trône, que les vœux et le bonheur de la nation eussent dû lui faire échoir, quand bien même sa naissance ne l'y eût pas appelé.

Après avoir remporté les victoires dont les noms sont devenus aussi populaires que celui du vaillant et bon roi ; après avoir enlevé de vive force, à peu près, toutes les villes de son royaume, il vint échouer sous les murs de Paris, foyer incendiaire des fureurs de la ligue et des intrigues de l'étranger, se cachant pour tromper les honnêtes gens sous le masque de la religion.

Nicolas Neuville, sieur de Villeroy, conseiller au parlement, homme éminemment religieux, ligueur fougueux par conviction ; mais entièrement dévoué à son pays, eut le premier l'idée de proposer au roi le parti d'abjurer la religion calviniste, et d'enlever ainsi tout prétexte au pape, au roi d'Espagne et aux brouillons de l'intérieur, pour perpétuer la guerre civile.

Des conférences eurent lieu d'abord au village de Suresnes, près Paris, puis à Saint-Denis, puis à la Roquette, alors l'un des faubourgs extérieurs de Paris. Henri IV désigna des évêques choisis dans les deux partis ; il se fit instruire dans la religion catholique, et promit son abjuration. Villeroy et grand nombre de seigneurs influents abandonnèrent alors sincèrement la ligue (1). L'opinion générale revint au roi. Enfin, le 4 mars 1594, aidé de Brissac, gouverneur de Paris, des colonels et capitaines de quartiers, il put entrer sans coup férir dans sa capitale.

Ce qui contribua le plus à dessiller les yeux de Villeroy et de la portion saine des habitants de Paris et à les ramener dans le parti du roi, ce fut l'assassinat du président Brisson, déplorable victime des fureurs des partis.

Dès 1591, beaucoup de bons esprits et notamment Brisson, premier président du Parlement de Paris, sen-

---

(1) Anquetil, t. III, p. 190.

taient la nécessité de mettre un frein aux abominables forfaits de la ligue et du conseil des seize et de faire cesser les malheurs publics. Bussy Le Clerc, gouverneur de la Bastille; Crucé, conseiller au grand conseil; Louchard, commissaire; Emeline, avocat; Emmonot, Cocheri et Auroux, capitaines de quartiers, tous ligueurs enragés, se déterminèrent à *effrayer* (1) (on voit que rien n'est nouveau et que Danton, la veille du massacre des prisons, n'a même pas eu le mérite d'inventer le mot), par un coup d'éclat, ce qu'ils appelaient alors aussi les *réactionnaires* (2), ils tentèrent de faire assassiner le président Brisson, que sa haute position et sa fermeté leur rendaient odieux.

Ce projet ayant échoué par le manque de résolution de la part du soldat qu'ils en chargèrent, ils abusèrent d'un blanc-seing, surpris au Parlement, au-dessus duquel ils inscrivirent l'arrêt de mort de Brisson, de Claude Larcher, conseiller au Parlement, et de Jean Tardif, conseiller au Châtelet.

Le 16 novembre, munis de cette pièce frauduleuse, ils se rendent à la demeure du président, lui disent que le conseil de l'Union le demande à l'Hôtel-de-Ville, Brisson se laisse conduire; en passant près du Petit-Châtelet, ils détournent sa mule, et le font entrer en prison.

(1) Anquetil.
(2) Anquetil.

Là, on lui annonce qu'il faut mourir, on le force à se mettre à genoux, on lui lit sa prétendue sentence. « Quels sont mes juges? où sont les témoins? quelles sont les preuves? »

Les misérables le regardent, sourient de sa simplicité et lui disent de se hâter.

« Je vous prie de dire à d'Alençon (son secrétaire), « que mon livre que j'ai commencé, ne soit pas brouil- « lé, qui est une tant belle œuvre (1). » Puis, avec fermeté, il présente son cou à la corde qui le hisse à une échelle arcboutée contre une poutre.

A peine était-il mort, que d'autres satellites amènent Claude Larcher et Jean Tardif; comme on lisait leur sentence, Larcher s'écrie en voyant le corps de Brisson, qu'il n'est pas besoin d'en dire davantage, après l'indigne traitement qu'on a fait à ce grand homme.

Ils se confessèrent, s'abandonnèrent à leurs bourreaux et moururent, sans plaintes, ni murmures.

Les ligueurs ne retirèrent pas de ce crime l'avantage qu'ils en espéraient; le peuple et même la basse populace, cependant toujours amie des excès, apprirent cette nouvelle avec une morne tristesse, et témoignèrent, hautement, leur horreur et leur indignation. On put, dès lors, prévoir l'accommodement qui, plus tard, fut provoqué par Villeroy.

(1) Cet ouvrage avait trait à l'instruction de la jeunesse.

L'un des plus beaux tableaux qui ornent les salles du conseil d'État, reproduit cette scène historique de la vie de Brisson (1).

Henri III, sous le règne duquel Brisson s'était déjà distingué, avait coutume de dire « qu'il n'y avait aucun « prince dans le monde qui pût se vanter d'avoir un « homme aussi savant que son Brisson. »

Il l'avait précédemment envoyé comme ambassadeur en Angleterre.

Mais revenons à Villeroy; devenu ministre, il sut inspirer à Henri IV tant d'estime, qu'il le prisait presque à l'égal de Sully, et qu'il disait en parlant de lui :

« Les affaires du royaume sont les affaires de M. de « Villeroy. »

Ce fut lorsque Henri IV, libre des soins de la guerre

---

(1) Descendant, par ma mère, du président Brisson, je n'ai pu toucher de si près un fait honorable pour la France et pour l'un de mes ancêtres, sans le reproduire : c'est la récompense des grands hommes, que leurs descendants puissent s'en glorifier sans être taxés de vanité. Je ne me suis jamais vanté, sous la monarchie, de l'attachement de mon aïeul pour son roi, je n'hésite pas à le faire sous la république.

Outre le Code d'Henri III, on a de Brisson : 1º Observationum divini et humani juris Liber, 1564, in-12; 2º Opera minora, imprimé en 1606, in-4º, réimprimé à Leyde en 1749; 3º De formulis et solemnibus populi Romani verbis libri octo, in-fº, 1583; 4º Nota in Titum Livium; 5º Des Harangues et Plaidoyers, Recueil des plaidoyers notables, in-8º, 1634; 6º Quelques poésies latines insérées dans le recueil de Jean Gruter.

et se livrant avec le même zèle et la même activité qu'il avait apportés dans les camps, à l'organisation de son royaume, qu'il fit perfectionner la grande route de Lyon, et percer la forêt de Senart, telle que nous la voyons maintenant; et que, pour perpétuer le souvenir des services que lui avait rendus Villeroy et donner à ses peuples une preuve de la sincérité de son abjuration, il fit élever la croix de Villeroy.

Cette croix, d'abord construite en pierre d'un seul morceau, fut brisée dans la révolution. M. le marquis de Fraguier, la fit remplacer vers 1820, par celle qui se voit maintenant. Son socle est en pierre et la croix en fer, avec couronne dorée (1).

Henry IV se décida à faire ouvrir les allées et les routes de Senart, par suite des craintes que ses amis ressentaient, en le voyant se livrer avec passion, au plaisir de la chasse, dans une forêt abrupte et sauvage, qui pouvait recéler des ennemis, et dans laquelle il était facile de s'égarer.

Tout le monde connaît l'histoire trop vulgaire, pour ne pas être vraie, du meunier Michaud, chez lequel le bon roi, séparé de sa suite, reçut incognito l'hospitalité.

---

(1) Ces derniers détails m'ont été fournis par l'abbé Hervier, mort à Quincy, en 1828, l'un des hommes les plus érudits qu'il m'ait été donné de connaître; il s'était livré à des recherches curieuses sur les environs du pays qu'il habitait.

J'ai cherché à fixer l'emplacement du moulin de Michaud, et je crois pouvoir affirmer que le moulin de Vaux, sous Quincy, a été le théâtre du fait historique auquel nous faisons allusion.

On m'a dit que le nom du moulin de Vaux-la-Reine, qu'il porte maintenant, lui avait été attribué, en souvenir des attentions gracieuses dont la jeune et jolie fille du meunier Michaud, avait été l'objet de la part du roi, pendant le court séjour qu'il fit chez son père.

Il existe encore des Michaud, à Quincy, village très-rapproché du moulin de Vaux, peut-être arriverait-on en suivant leur généalogie, à acquérir une preuve complète de la vérité de l'anecdote dont nous parlons.

CHAPITRE XII.

GERBIER.

Beaucoup de mes lecteurs, je me trompe ; car il ne m'est point réservé d'en avoir jamais un grand nombre, quelques-uns, tout au moins, ont pu voir une statue mutilée et décapitée sur le bord de la rue de la Glacière ; cette statue est celle de l'un des plus grands orateurs que la France ait possédés, et certes c'est ce qui en tous temps, et souvent pour son malheur, lui a le moins manqué.

Chaque partie du globe a son fléau spécial, notre pays périra sous un flux de paroles, épouvantable raz de marée qui, tôt ou tard, pourra bien l'engloutir.

Quoi qu'il en puisse être, notre admiration n'en est pas moins acquise au talent.

Gerbier, né à Rennes, le 29 juin 1725, fut à juste titre l'avocat le plus célèbre du dix-huitième siècle, homme de probité et de talent, il mérita qu'on lui appliquât ces paroles :

> Pectus est quod disertus facit.
> Le cœur est ce qui fait l'orateur.

Il a longtemps habité, à Brunoy, la maison occupée maintenant par le médecin Chauvel, et possédée précédemment par l'un des maîtres maçons du pays qui, dans son omnipotence de propriétaire, fit il y a environ dix ans, nouveau don Juan, descendre la statue de son piédestal non pour en être foudroyé, ce qu'il eût mérité pour son vandalisme, mais pour la mutiler.

Triste exemple de la vanité humaine! cette statue, autour de laquelle les amis du grand homme, se sont sans doute pressés, pour entendre une noble et pathétique oraison funèbre; cette statue qui a été arrosée de larmes, de regrets et d'admiration, gît maintenant, brisée, au coin d'une borne, personne ne connaît plus ce que le statuaire a voulu représenter, sa tête a probablement servi de première assise aux fondations d'un égout. Je ne désespère pas de voir, le tailleur de pierres, creuser sa poitrine (pectus), pour en faire une auge à pourceaux.

Je regrette cette statue, parce que, comme objet d'art, elle avait du mérite, et parce qu'elle eût convenablement orné l'un des pilastres du pont de Brunoy ou bien le milieu de sa place.

Entre autres causes célèbres dont Gerbier fut chargé, on peut citer celle des frères Legoney, réclamant de la compagnie de Jésus, comme civilement responsable, payement de 1,500,000 francs, montant de lettres de change tirées par le père Lavalette, supérieur des Iles-du-Vent.

Il fit valider le testament du comte de Gouverney, trouvé quinze ans après le décès du testateur, dans des sacs de vieilles graines de jardin.

Il prêta son admirable talent à la belle comtesse de Montboissier, qui accusait son mari de l'avoir fait enfermer par lettre de cachet.

Mais la cause qui contribua le plus à sa gloire, fut celle du sieur Damade, jeune négociant attaqué et mutilé, en pleine rue, par les frères de Queyssac, tous trois gentilshommes et officiers, et cependant accusé par eux d'assassinat.

La noblesse et la bourgeoisie étaient en présence dans ce grave procès, elles préludaient, dès cette époque, par des attaques sourdes à cette guerre d'extermination qui éclata en 1789.

Gerbier prit fait et cause pour le faible, et malgré les hautes influences des frères de Queyssac, malgré l'appui unanime de la noblesse, Damade l'emporta. Ce fut la première victoire du peuple contre la cour.

On raconte que, se laissant entraîner par le pathétique de sa cause, au moment où il dépeignait son client déjà blessé et épuisé par la perte de son sang, armé d'un simple couteau de chasse, se défendant avec courage, mais sans espoir de salut, contre trois officiers habitués au maniement des armes, l'avocat se précipita impétueusement de son banc dans le prétoire, comme pour séparer les combattants et sauver le malheureux Damade des coups de ses ennemis.

L'illusion et le charme furent si complets, tous les cœurs si émus, qu'avocats, juges, auditoire, suivirent le mouvement et se trouvèrent en un instant, confondus autour de l'orateur, dont les mains furent baignées des larmes d'un unanime attendrissement.

Gerbier faillit perdre la vie à Brunoy, sa cuisinière, par inadvertance, lui servit dans un mets, quelques substances vénéneuses, dont on put à temps, neutraliser les effets, mais qui affectèrent profondément et pour toujours sa santé.

Durmont, l'éloquent avocat du barreau de Paris, qui a droit à juste titre, de revendiquer quelques traits de ressemblance avec Gerbier, par son talent et l'immense vogue dont il a joui, jusqu'au moment où des raisons de santé le forcèrent à une retraite prématurée, a, comme son devancier, en arrivant à Brunoy, subi les chances d'un empoisonnement, heureusement resté sans résultats fâcheux.

Moi-même, qui ne ressemble ni à l'un ni à l'autre, je n'en ai pas moins bu, comme eux, la ciguë et ne m'en suis pas moins vu à deux doigts de l'éternité, par la faute de mon cordon bleu.

Ce qui hâta la mort de Gerbier, arrivée le 26 mars 1788, ce fut le vif chagrin qu'il éprouva des critiques amères que provoqua sa détermination, de plaider devant la commission appelée parlement Meaupou, instituée pour remplacer le parlement de Paris, alors exilé par le chancelier de ce nom.

Ses confrères, qui tous s'étaient abstenus d'exercer leur ministère, ne pardonnèrent jamais cette faiblesse à Gerbier. Son âme, jusque-là enivrée de louanges, de gloire et d'affection, fut mortellement frappée.

Ses dernières années furent tristes et mélancoliques, il les passa à Brunoy.

Le nom du chancelier Meaupou me rappelle une satire, du reste bien connue, lancée contre lui par les parlementaires, elle eut, dans le temps, un succès d'enthousiasme :

> Qui veut voir la fichue mine
> Du chancelier Meaupou
> Sur la rou
> Sur la rou
> Sur la route de Chatou.

CHAPITRE XIII.

MARTIN. — LEGENDRE. — TALMA. — RIBBING-FREDERIKSON.

Brunoy fut pendant de longues années, le séjour favori d'un grand nombre d'artistes, dont les noms rappellent les nobles jouissances de l'intelligence et du goût.

Legendre, acteur d'élite du Théâtre-Français, posséda longtemps la maison appartenant maintenant à M. Barrié, et le parc dans lequel M. Bigot, médecin-accoucheur, célèbre du temps de l'empire, a fait depuis bâtir une charmante habitation.

Martin, la gloire de l'ancien Feydeau, attiré par Talma, vint bâtir un chalet au milieu des vignes des Godeaux, sur un terrain d'un peu moins d'un arpent, au sommet du coteau d'où le plus admirable aspect de la vallée se développe avec magie.

C'était bien au point de vue de l'art, mais pour la bourse de l'artiste, c'était une faute. Quand Martin voulut agrandir son cottage, comme le sultan des

Mille et une Nui s, il trouva d'intraitables voisins ; certain lopin fut par lui payé plus de mille francs par perche : Avec un coup de gosier (*j'adoucis singulièrement le mot*), il regagnera cela, disaient les vignerons.

Martin eut encore à lutter contre une horde de voraces d'une autre espèce ; il avait couvert de paille son toit rustique, il avait tant vu de chaumières au théâtre, qu'il en voulait une bien réelle au village ; mais aux champs comme à l'Opéra, les chaumières sont peuplées de rats, et ceux des champs, aussi rongeurs que ceux des théâtres, sont moins gracieux et beaucoup plus incommodes. Martin en fit la triste épreuve. Les rats de tous les environs, trouvant sous son toit, un gîte confortable, y pullulèrent avec une telle rapidité, que bientôt ils prirent possession de toute la maison : les études de l'artiste, son repos, ses tête-à-tête conjugaux, ses jours, ses nuits, tout fut troublé, envahi, empoisonné. Montfaucon eût été pour lui un séjour paisible. Il ne recouvra quelque repos, que lorsqu'il eut substitué de prosaïques ardoises à la paille de son toit.

Le nom de la *Folie-Martin*, désigne encore cette propriété.

Talma, comme Martin, avait réuni pièce par pièce, tous les éléments du parc qui entoure sa petite, mais délicieuse habitation ; il créa les jardins, les dessina et y enfouit des sommes immenses.

Les ouvriers dont il savait être l'ami, ce qui n'est pas

chose facile, tout en prodiguant son argent, l'appelaient le *père du piquet,* parce qu'ils le voyaient toujours, des piquets à la main, traçant les allées de son parc.

Brunoy conserve encore la vénération la plus profonde pour le grand tragédien ; bon, simple, modeste, généreux, Talma s'est fait unanimement aimer durant sa vie et regretter après sa mort.

Je me trompe, sa femme légitime, mademoiselle Vanhove, artiste distinguée, elle-même, du Théâtre-Français, fut peut-être la seule exception.

Leur union commencée sous l'empire des illusions scéniques, resta stérile et ne fut jamais heureuse, peut-être que trop séduisants, l'un pour l'autre, chaussés du cothurne, ils ne purent se faire à la modestie et au sans-gêne de la pantoufle conjugale ; aussi un soir qu'Orosmane venait de jurer à la tendre Zaïre un éternel amour, l'abandonna-t-il pour ne plus la revoir qu'au théâtre.

Le lendemain madame Talma eut le plus éclatant succès dans le rôle d'Ariane.

Peu de temps avant ce mariage, on disait à Talma qu'il devait attendre pour se marier, qu'il fût plus raisonnable. Je ne me marierais pas si j'avais ma raison, répondit-il.

Il convola morganatiquement à de secondes noces, cette union fut comme on dit vulgairement : bénie du ciel ; car en peu d'années, elle peupla de nombreux rejetons, une maison qu'il fut obligé d'annexer à son parc et qu'on nomme encore la maison des nourrices. Cette maison appartient à M. Lustreman.

Il recevait royalement l'élite de la société et des arts, bien des fois les plus hauts personnages du consulat et de l'empire se rencontrèrent sous les frais ombrages de Brunoy, avec les Ducis, les Larive, les Mars, les Duchénois, et plus tard les Levert et les Bourgoin.

Ce fut à Brunoy que cette dernière, dans un accès de gaieté licencieuse, donna contre un refroidissement, à Talma, une recette grivoise, qui ne se rencontre pas dans le *Codex*, mais qui fit les délices des mauvais sujets du temps.

Les hautes relations de l'acteur d'élite, ne l'empêchaient pas d'avoir avec ses inférieurs, des rapports d'une familiarité presque amicale, souvent il allait demander à dîner à son jardinier Louette, homme du reste de beaucoup de bon sens et d'intelligence. Il n'était pas rare de voir Talma à cheval sur le dos de son jardinier, ou traîné dans une brouette, faisant le tour de son parc à l'abri de l'humidité qu'il craignait pour les cordes de sa voix.

Ainsi les spectateurs parisiens, les enthousiastes admirateurs de Talma, ont dû souvent aux larges épaules de Louette, les plus beaux éclats de déclamation de leur artiste favori, tout se lie !

La première fois qu'il enfourcha cette monture d'une nouvelle espèce, il demanda combien il pesait : Cent quatre-vingt liv. sans la réjouissance, répondit Louette.

Un jour, impatienté de ne pouvoir au premier signal trouver son jardinier, ou se faire entendre de lui dans un parc aussi vaste que le sien, il voulut remettre un sifflet à Louette, pour faciliter leurs communications. Ce dernier s'excusa, disant que jamais il n'oserait déchirer les oreilles de Talma d'un coup de sifflet. Va, va toujours, répliqua l'artiste, elles n'y sont pas habituées, j'entendrai mieux.

Un autre jour qu'il était monté dans ses greniers à foin, le pied lui manqua, il roula jusqu'au bas de l'échelle sans se faire grand mal.

Rendons grâces à Dieu, dit Louette, vous auriez pu vous tuer. — Parbleu! tu en parles bien à ton aise, répondit Talma, il ne m'a pas fait grâce d'un échelon.

Au bas de l'un des portraits de Talma, peint par Bœlly, se trouve le quatrain suivant :

> Du grand Lekain, imitateur heureux,
> Et digne émule de Larive,
> Il a su consoler Melpomène plaintive
> De la perte de tous les deux.

Par un de ces rapprochements bizarres, le même toit qui si souvent avait vu Talma étudier ses rôles de Catilina, de Brutus, de Cinna, qui avait retenti de fougueuses tirades contre les rois de théâtre, et de sanglantes déclamations contre les tyrans de mélodrame, avait servi d'abri, immédiatement avant que Talma l'habitât, aux bien réels et bien poignants remords de l'assassin d'un roi. Je veux parler du comte Ribbing Frédérikson, l'un des meurtriers de Gustave III, roi de Suède.

Gustave, élevé dans les idées généreuses du dix-huitième siècle, avait cru pouvoir doter son peuple des bienfaits de la liberté ; mais comme il arrive trop fréquemment aux plus dévoués adeptes de cette dangereuse déité, il en fut la première victime.

La noblesse suédoise dont, cependant, il avait rétabli les états, lui garda la plus violente rancune des concessions faites par lui au bonheur de son peuple, et le 29 mars 1792, il fut tué d'un coup de pistolet au milieu d'un bal masqué, par Ankarstrœm, gentilhomme, enseigne des gardes du roi, aidé du colonel Litehom, du baron d'Eherensward et des comtes de Horn et Ribbing-Frédérikson.

Ce fut ce dernier qui, page du roi, presque son ami, le désigna aux conjurés en lui frappant sur l'épaule, et en lui jetant ces mots d'une banalité triviale, *Te voilà beau masque.*

On a dit qu'Ankarstrœm s'était chargé du meurtre par jalousie conjugale ; c'est sur ce thème qu'est bâti le libretto de l'opéra de Gustave III : l'histoire est muette à ce sujet, elle ne tarit pas sur les nobles qualités, de l'excellent prince, ainsi traîtreusement assassiné.

Sa mort fut le signal de l'exécration publique contre ses assassins. Ankarstrœm, le brillant militaire, le noble hautain, fut fouetté trois jours durant dans les rues de Stockholm; puis pendu ignominieusement. Ribbing-Frédérikson et ses autres complices furent bannis à perpétuité.

Les Montagnards français qui, en ce même moment, préludaient au meurtre juridique de Louis XVI; sans songer que Frederikson était le meurtrier du roi le plus libéral de son époque, l'accueillirent comme un héros.

Ce héros, honteux de sa gloire, vint la cacher à Brunoy, et n'y trouvant pas assez de sympathie et de solitude, il ne tarda pas à se réfugier au Petit-Quincy, le lieu le plus sauvage de la vallée d'Yères.

Le quatrain suivant, peu connu, peint bien Gustave III.

> Ami des lois et de l'humanité,
> Brave jusqu'à perdre la vie,
> Il sut venger la liberté
> Et rétablir la monarchie.

A sa mort, il avait vingt-six ans, il venait d'épouser une princesse de Danemark, Sophie-Madelaine, admirable de beauté et de tendresse.

Il était adoré de ses sujets (1).

Dieu garde Brunoy d'une célébrité semblable à celle de Ribbing-Frédérikson !

(1) Biographie universelle, ancienne et moderne, vol. XIX, p. 234. Portrait historique de Gustave III.

CHAPITRE XIV.

M. BERTRAND.

Puisque je viens de parler d'artistes, je ne puis passer sous silence, l'un des plus honorables habitants de Brunoy, le fondateur des *Funambules*, ce temple du fou rire, le seul théâtre de Paris qui n'ait jamais fait verser une larme, à ses créanciers non plus qu'à ses spectateurs ; je veux parler de M. Bertrand.

Le plus beau temps de ce théâtre, fut, sans contredit, celui pendant lequel Bertrand en tint les rênes.

Combien de pièces, trésor de gaieté populaire, telles que *les deux Pierrots, le Songe d'or, la Mère l'Oie, le Bœuf enragé, la Chatte amoureuse*, lui durent leurs meilleures saillies, leurs plus facétieuses charges.

Que d'artistes foulèrent les planches des Funambules, pour soixante centimes par soirée, et n'en sont pas moins arrivés au sommet de l'échelle théâtrale; nous n'en citerons qu'un, Frédéric Lemaître, le premier tragique de notre époque, à qui, pour ses débuts, Bertrand voulut bien confier la spécialité des quadrupèdes.

Un soir qu'il avait abordé le rôle difficile d'un ours des Alpes, qui devait dévorer la jeune première, Frédéric mit tant de vérité dans ses mugissements et dans l'exhibition de ses griffes et de ses dents, que le jeune premier, à l'apogée de la peur, terrifié pour l'objet de son amour, lui déchargea bel et bien et à bout portant, en plein derrière, un monstrueux coup de fusil, comme on les charge au théâtre; notre ours roula sur les planches, hurlant de douleur. Jamais illusion scénique ne fut plus complète. Si Alexandre Dumas se fût trouvé là, il eût voulu certes lever un beefteak d'ours, sur le malheureux Frédéric Lemaître (1).

Ce dernier, actuellement l'acteur d'élite, le successeur de Talma, voudra-t-il se souvenir de cette scène, entièrement vraie, de ses modestes débuts ; nous le pensons : plus on part de loin, plus il est honorable d'arriver au but et de le dépasser.

Napoléon commença bien par le grade de sous-lieutenant.

Ce fut Bertrand qui trouva, créa et perfectionna Débureau, le roi des pierrots; nous croyons fermement que sans Bertrand, Débureau n'eût jamais existé, nous devons dire aussi que sans Débureau, on n'eût peut-être jamais connu Bertrand, ni son théâtre.

(1) Impressions de voyage.

Pendant vingt ans, ces deux satellites d'un même astre, gravitèrent ensemble autour de leur planète sans jamais pouvoir se séparer.

Débureau eût pu briller davantage sur un plus vaste théâtre, il eût pu y tripler ses feux, il ne le voulut jamais, Bertrand se refusa toujours à éclipser Débureau, par l'admission d'un artiste rival.

Ces deux existences se lièrent intimement, au point de se devenir indispensables.

Aussi la retraite de Bertrand fit-elle pâlir la figure enfarinée de Débureau.

Le lendemain, il en tomba malade ; à sa rentrée de convalescence, il se foula le pied.

Six mois après, dans un accès de noire misanthropie et de sombre colère, il tua d'un coup de canne l'un de ses plus fervents adeptes, un enthousiaste gamin de Paris, qui sur son passage, croyait pouvoir exprimer sa naïve admiration, par le cri sympathique de : vive Paillasse.

Bertrand le tira de sa prison ; mais ce fut en vain ; à quelque temps de là, Débureau était mort.

La vie de Bertrand peut servir à résoudre la question sociale qui s'agite en ce moment, elle peut être présentée comme exemple et encouragement à l'ouvrier laborieux, sobre et économe, qui ayant confiance en lui, ne compte que sur lui, pour améliorer son sort.

Simple forgeron au début de sa carrière, Bertrand

sut, par un rude labeur et sa haute intelligence, conquérir pour lui et sa famille, une opulente et honorable position sociale.

Le lendemain de son mariage, les frais de la noce payés, il lui restait un petit écu.

Son premier pas vers la fortune, fut son premier coup de marteau, son plus vif stimulant, fut la leçon financière que voici :

Les premiers mille francs qu'il sut économiser, furent par lui confiés à un ami, non à titre de prêt, mais comme simple dépôt, à un an de là, cet ami lui versa, au grand étonnement de notre apprenti capitaliste, cinquante francs d'intérêt. Bertrand ignorait que ses économies pussent se multiplier par elles-mêmes, les cinquante francs d'intérêt de son ami, lui avaient appris la puissance d'un auxiliaire comme l'argent.

A cette époque de sa vie, parlez à Bertrand, communisme, inspirez-lui quelques scrupules sur la légitimité et la sécurité de la possession de son pécule ; enlevez-lui le noble désir d'améliorer le sort de sa famille, peut-être que, découragé et démoralisé, il fût tombé dans le marasme intellectuel, dans la fainéantise, le dérèglement et la misère.

Tous les jours de notre ami ne furent pas sans nuages.

Je viens de citer Napoléon ; le grand homme a joué un rôle important dans la vie de notre modeste artisan; en 1808, chargé de la construction d'un grand nombre d'affûts de canons et de voitures d'ambulance, peu de temps avant la campagne de Wagram, Bertrand déploya toute l'activité et le zèle que nous lui connaissons.

Napoléon qui ne dédaignait pas les petits détails, quand ils devaient servir à ses projets gigantesques, voulut visiter les affûts et les voitures, elles furent amenées à Saint-Cloud.

« Il manque une plaque de frottement à ce caisson », dit l'empereur à Bertrand qui assistait à la revue.

Le fait était vrai; il fallut en convenir.

« Ce timon est mal ferré, » l'observation était encore juste, Bertrand s'excusa sur le peu de temps qu'il avait eu.

En arrivant devant les voitures d'ambulance, au premier coup d'œil, Napoléon bondit de colère : « Il fera, s'écrie-t-il, fusiller l'entrepreneur, on ne s'est pas conformé au modèle fourni par l'administration, les voitures ne peuvent servir : c'est une trahison. »

Bertrand, au lieu de chercher à s'excuser par des paroles, ce qui lui eût mal réussi en ce moment, enlève vivement son habit, retrousse ses manches, saute dans un fourgon, en un instant assemble une série de pièces qui se trouvaient démontées, dans chaque voiture, et fait paraître aux yeux de l'empereur un double rang de siéges à ressorts, doux et ployants, destinés aux blessés.

Par cette innovation, les caissons pouvaient servir pour l'usage des ambulances, et pour les transports de l'armée.

Bertrand avait du reste consulté l'administration.

Il fut congédié presque brutalement, mais le lendemain il reçut une nouvelle commande plus forte que la première.

Dans l'espace de trente années, Bertrand a bâti dans tous les quartiers de Paris; il a fait travailler des armées d'ouvriers, plus même que n'en désœuvrèrent les ateliers nationaux. Il a payé plus d'impôts et de droits de mutations, qu'il n'en faudrait pour relever les finances de la République; dix hommes comme lui, dans Paris, feraient cesser instantanément la crise actuelle.

Paris lui doit l'un de ses plus vastes caravansérails; je veux parler du cloître Saint-Jean-de-Latran, dont les ruines converties en habitations saines et aérées, offrent, chaque soir, à deux mille marchands de peaux de lapin, chiffonniers, bohémiens, saltimbanques, gîte et repos, pour dix centimes par nuit, dans de vastes sacs, dans un seul desquels on pourrait trouver quelquefois, jusqu'à dix ramoneurs ronflant mieux que Sardanapale sur ses feuilles de rose.

On comprend que la gestion d'un semblable établissement dut offrir de graves difficultés, souvent même des dangers; Bertrand savait les éviter ou les surmonter; ses moyens étaient toujours simples et expéditifs; une chambrée refusait-elle de payer, le lendemain pour éviter les frais d'huissier, l'escalier était démoli; une autre en hiver, faisait-elle du tapage et troublait-elle le repos commun, dans les vingt-quatre heures, toutes les portes et croisées en avaient disparu, et la nichée turbulente se voyait forcée, de s'envoler vers un autre perchoir.

Les fêtes publiques de la fin de l'empire, celles des deux restaurations et du règne de Louis-Philippe, furent, presque sans exception, dirigées par Bertrand, avec un luxe et une économie inconnus de nos jours, où l'on dépense cependant 900,000 francs, pour une seule fête, dite de la Concorde, la veille d'une guerre civile; pour neuf fois moins d'argent, Bertrand savait nous amuser neuf fois plus. Il est vrai qu'il ne payait pas ses architectes 50,000 fr., et qu'il n'avait pas à trouver dans Paris 500 jeunes républicaines vertueuses.

Pendant tout le temps que notre concitoyen fut dans les affaires, il sut inspirer à tous ceux qui eurent des relations avec lui, la confiance la plus absolue; peu d'améliorations eurent lieu dans la capitale, sans qu'il fût consulté par l'édilité parisienne, rarement il lui refusa quelque bonne idée d'invention ou de perfectionnement.

Le baron Louis, ministre des finances, voulut l'investir de fonctions importantes. Il refusa et eut raison, il n'avait besoin ni de places, ni de protections.

Récemment et grâce au suffrage universel, l'homme de cœur et de capacité dont nous parlons, n'a pu se faire élire membre du conseil municipal de son village (1).

---

(1) Au moment où nous écrivons ces lignes, Bertrand vient d'enrichir son pays d'une découverte bien modeste en apparence, mais d'une utilité aussi usuelle que l'allumette chimique. Entre les deux inventions, il y a tout un abîme, c'est comme qui dirait l'eau et le feu; je veux parler d'un robinet se fermant seul et sans le secours de la main de l'homme.

Voici comment Bertrand fut appelé à diriger ses recherches, vers cette découverte.

Il avait disposé, sur les combles de la maison qu'il habite à Paris, un vaste réservoir recevant les eaux du canal de l'Ourcq, un robinet permettait de ne prendre, au niveau supérieur, que la quantité de liquide nécessaire aux besoins de la maison. Bertrand avait surtout en vue d'éviter l'incendie, il n'avait pas prévu le déluge.

Un jour ou plutôt une nuit qu'il dormait, il est subitement réveillé par un clapotage inaccoutumé, comme s'il eût été sur la grève de Dieppe ou du Havre, il étend la main et sent une marée montante qui déborde déjà sur son lit, il crut que la colère de Dieu s'appesantissait de nouveau et à bon droit sur les hommes; il songea un instant à la reconstruction de l'arche de Noé; enfin, se jeter à la nage, et faire sa coupe vers la porte de son appartement, furent l'affaire d'un moment, il atteignit le port. Son domestique avait négligé de fermer le robinet du réservoir; l'Ourcq avait fait irruption dans la maison de notre ami. Le locataire du deuxième étage se livrait déjà aux douceurs de la pêche; celui du troisième, du haut de sa commode, piquait agréablement des têtes, Bertrand se sauvait à la nage.

Depuis cet événement, tous ses soins tendirent vers l'invention d'un robinet plus intelligent que son domestique, il vient de le trouver, le simple poids de l'eau, garantit à l'avenir ses locataires du danger d'être noyés.

CHAPITRE XV.

VÉRO, CHARCUTIER.

Très-près de la propriété du comte Dupont-Chaumont, possédée actuellement par M. Adeline, à l'extrémité nord de la partie rectiligne de la route de l'Obélisque, se voit un château de forme italienne, bâti vers 1828, par Véro.

Pour faire connaître l'homme auquel je consacre ce chapitre, je serai peut-être forcé d'oublier quelquefois, le ton sérieux de l'historien, pour me faire l'écho de tout ce que j'ai recueilli sur lui, au temps où il habitait Brunoy; avant tout, je me dois à la vérité.

Né à Strasbourg, élevé à l'ombre de cette enseigne traditionnelle : *Depuis les pieds jusqu'à la tête, tout en est bon*, Véro se trouva bientôt à l'étroit dans sa ville natale, il voulut se placer dans sa véritable assiette et chercha un plus noble théâtre, il vint à Paris et acquit une modeste boutique de charcuterie.

Sa pensée, grâce à l'art, s'élevant au-dessus des traditions des fourneaux arriérés de ses prédécesseurs, il émit des méthodes nouvelles de traitement pour le pied et l'oreille, il perfectionna la langue, prodigua les jouissances du bon goût aux Parisiens ; bref, en peu de temps, il métamorphosa sa modeste boutique, en la plus savoureuse officine de charcuterie que jamais Paris eût connue.

Cette gloire, qui lui valut souvent la jalousie et les satiriques lardons de ses confrères, ne lui suffit bientôt plus.

De simple restaurateur, il se fit constructeur.

Paris lui doit l'un de ses plus élégants passages, connu sous les noms de *Véro* et *Doda*.

Véro acheta, dit-on, de son associé, moyennant 15,000 fr., le droit d'inscrire son nom, en première ligne, dans la raison sociale.

On dit que, d'un commun accord, les deux amis crurent devoir faire entre eux, dans leurs noms, un échange de voyelles ; le premier, pour éviter un rapprochement nominal, avec les victimes journalières de sa première industrie ; le second, une double consonnance trop enfantine. L'un s'appelait originairement Véra, l'autre Dada.

Ce fut peu de temps après l'érection de son passage, que Véro arrêta le plan de son château de Brunoy, serait-ce en pétrissant un onctueux fromage d'Italie, qu'il rêva pour ses combles, la forme italienne ?

Il plaça deux énormes *lions* sculptés en marbre dans la cour d'honneur de sa somptueuse demeure.

J'ai ouï dire que ce fut en souvenir des saucissons *de Lyon,* qu'il fit choix de ces nobles animaux comme emblème de sa reconnaissance.

Je repousse, je le répète, la responsabilité des plaisanteries dont ce commencement de chapitre est forcément entrelardé ; elles pourront paraître lourdes et indigestes ; je les ai recueillies de quelques visiteurs envieux, sans doute, des succès de notre compatriote.

Véro fut élu chef de bataillon de la garde nationale de Brunoy.

Une idée m'a quelquefois traversé l'esprit ; avant de l'émettre, elle demande quelques développements préparatoires.

L'armée d'Italie a eu ses fricoteurs ; la grande armée au retour de Russie a eu ses blessés et ses traînards ; la garde nationale à côté de ses très-braves et dignes citoyens, a ses pochards ; malheureusement elle en a beaucoup. Elle sort peu, sans que son enthousiasme s'élève bientôt jusqu'à l'ivresse, sans que Bacchus fasse d'affreux ravages et enlève de profondes files dans ses rangs. Il m'a toujours semblé, quand Véro pourchassait ses traînards flageolants, voir Ulysse, sous l'uniforme du chef de bataillon, gourmandant ses malheureux compagnons, victimes d'un funeste breuvage et d'une métamorphose immonde.

Sérieusement parlant, Véro, que j'ai connu, fut un homme de mérite; dans quelque position que le sort l'eût classé, il eût su marquer sa place au premier rang. Artisan d'une brillante fortune, il sut en jouir honorablement.

Sa mort fut peut-être une dernière preuve de sa capacité. Rien ne touche de plus près au génie que la folie.

Véro est mort fou.

L'établissement qu'il a créé, rue Montesquieu n° 1, est encore le meilleur du genre.

CHAPITRE XVI.

CULLERIER, CHIRURGIEN EN CHEF DE L'HOSPICE DES CAPUCINS.

> Celle qui, malgré ce titre, en osera lire une seule page, est une fille perdue.
> (Rousseau, *Préface de la Nouvelle Héloïse*.)

> Un mal qui répand la terreur,
> Mal que le ciel, en sa fureur,
> Inventa pour punir les crimes de la terre.
> (Lafontaine.)

J'aborde un sujet, sinon fort délicat, tout au moins fort dangereux à toucher sans précautions.

Cullerier fut le restaurateur, le sauveur de la galanterie française, bien compromise par les mœurs relâchées de la régence, de la république, du directoire et par les grandes migrations militaires de l'empire, qui avaient successivement accumulé sur Paris toutes les laves brûlantes du Styx.

Cullerier sut purifier les eaux de ce fleuve immense, auquel il est si doux et si dangereux de se désaltérer.

Est-il bien vrai que le fleuve auquel je fais allusion,

ait eu sa source dans le nouveau monde? J'en doute, parce qu'il est maintenant douteux pour la science, que l'antiquité n'ait pas connu le soi-disant nouveau monde. N'a-t-on pas trouvé d'antiques fortifications sur les bords de l'Ohio, au fond des Florides? J'en doute, surtout, quand je passe en revue ces mille allégories, sous lesquelles les anciens savaient si bien voiler les faiblesses de leurs grands hommes.

Quelle était cette chemise du centaure Nessus qui torréfiait le sang d'Hercule?

Ce fleuve du Styx, dont je viens de parler, qui roulait du bitume enflammé et conduisait aux enfers, n'était-il pas un emblème?

Quelle fut donc la blessure de Philoctète, qui forçait les Grecs de l'abandonner dans une île déserte, pour l'isoler de ses compagnons?

Quels étaient les noirs poisons des Médée et des Circé?

Quelles furent ces flèches empoisonnées que lançaient les belliqueuses et tendres amazones?

Que pouvaient signifier ces serpents dont les bacchantes entrelaçaient leurs cheveux?

Est-ce bien un bain froid qui fit mourir Alexandre?

Quels furent les feux qui dévorèrent et Sodome et Gomorrhe?

Quelles furent aussi, cette plaie si fâcheuse que Dieu lança sur les Philistins, pour les forcer à renvoyer l'arche sainte aux Hébreux? et cette lèpre hideuse que Jésus-Christ guérissait de son souffle divin?

Est-il bien vrai que ce fut d'une piqûre d'aspic que mourut Cléopâtre?

Vénus, sortant de l'écume de la mer, fraîche et pure, ne ressemble-t-elle pas à l'une de ces Phrynés parisiennes sortant des mains de Cullerier?

La magicienne Canidie, envoyant à la fille de Créon, sa rivale, une robe empoisonnée qui la brûla toute vive, le jour de ses noces « Novam incendio nuptam abstulit (1), me paraît avoir choisi le mari, pour intermédiaire de son infernal présent.

Quoi qu'il en soit, Cullerier a su, sinon éteindre le volcan, du moins poser une digue à ses irruptions, calmer ses feux souterrains, raréfier ses dévorantes explosions.

Brunoy doit dès lors se glorifier d'avoir possédé un tel homme; à Rome il eût été grand prêtre de Vénus ou pontife du dieu Priape.

Au seizième siècle, François Ier, sur le contre-seing de la belle marchande de fer, en eût fait, pour sa sécurité personnelle, son premier ministre.

Ce souvenir historique, m'a toujours rendu odieux l'ornement d'une ferronnière, sur le front pur et candide d'une jeune fille; autant vaudrait y voir le serpent d'une Euménide.

(1) Horace, ode 5, livre V.

Cullerier a fait bâtir une jolie villa, sur la route de l'Obélisque. Cette blanche maison, ces gracieux jardins, cette luxuriante verdure, tirent leur origine d'une source impure, d'un océan de douleurs et de misères, image en cela de la nature qui renaît de la destruction.

Antérieurement, il avait possédé le domaine de Soulins, appartenant maintenant à M. Christofle, l'argenteur le plus occupé de Paris.

Par un singulier rapprochement, tous deux ont habité le même toit, et tous deux ont employé le mercure à blanchir ; l'un les métaux, l'autre l'humanité.

Je ne sais si je me suis rendu suffisamment clair dans ce chapitre ; j'ai voulu à dessein m'envelopper d'un épais manteau. C'est toujours chose prudente en pareil cas.

CHAPITRE XVII.

VIADUCS DU CHEMIN DE FER DE LYON ET PONT DE BRUNOY.

Avant de quitter Brunoy, je ne puis passer sous silence ses viaducs. L'ouverture prochaine du chemin de fer de Paris à Lyon, a été la cause première et déterminante de mon modeste ouvrage; il y aurait inconséquence, presque ingratitude, à ne pas arrêter un instant l'attention de mes lecteurs sur ces deux magnifiques encadrements, que l'art vient de créer aux verts et riants paysages de notre vallée de Brunoy.

Ce qui provoque le plus le goût des voyages, ce qui attire le plus l'attention et l'admiration des voyageurs, c'est sans contredit l'aspect des ruines dont le monde est semé, immenses ossements, témoins grandioses, laissés sur le sol par plusieurs civilisations successives que les siècles ont emportées.

Ces vestiges de la puissance humaine causent surtout notre étonnement, au point de vue de l'esprit de suite et de patience qu'il a fallu aux générations qui nous ont devancés sur le globe, pour arriver, sans moyens mécaniques perfectionnés, sans les innombrables ressources que les sciences modernes ont développées, à créer des monuments tellement nombreux et tellement gigantesques, que le peuple le plus puissant de nos jours, que l'architecte le plus sublime de talent, le plus aventureux de conception, n'oseraient en entreprendre un seul ; c'est à peine si nous pouvons entretenir ce que nos pères ont fait.

On sait que Notre-Dame de Paris, telle que nous la voyons maintenant, commencée sous le règne de Robert, fils d'Hugues Capet, continuée sous Philippe Ier, Louis le Gros, Louis le Jeune, ne fut achevée que par Philippe-Auguste.

Les pyramides d'Égypte, avant d'être achevées, coûtèrent la vie à de nombreuses générations d'ouvriers, tués par le soleil d'Afrique, pour procurer un peu d'ombre aux dépouilles mortelles de leurs Pharaons.

Sans vouloir faire ici de comparaison ambitieuse, les viaducs de Brunoy ont été achevés en deux campagnes ; commencés en mars 1846, on y mettait la dernière main en novembre 1847, et cependant l'un d'eux a 375 mètres de longueur, 24 mètres d'élévation, 28 arches à pleins cintres, d'une architecture simple et noble. Le tout comportant 38,577 mètres 42 centimètres cubes de maçonnerie ; et cependant encore, pas une des pierres de cette immense construction n'a été placée sans être brossée, pas une parcelle de mortier n'a été appliquée sans avoir été vérifiée.

Je n'ai jamais rien vu de plus simple, que les échafaudages appliqués aux piles de ces viaducs, pour le service des ouvriers, de plus ingénieusement combiné que l'appareil destiné à monter les plus lourds fardeaux au sommet des maçonneries, sorte de grue nomade, de traîneau mobile, poussé d'une arche à l'autre, par l'impulsion d'un seul homme, et faisant le service de toutes les piles avec une rapidité inouïe, une admirable puissance et surtout avec les garanties les plus absolues pour la sécurité des ouvriers.

En effet, pendant toute la durée des travaux, un seul ouvrier a péri, et encore dut-il sa mort à son imprudence.

Le passage du chemin de fer de Lyon, par la vallée d'Yères, a soulevé dans le temps, deux graves questions :

Devait-on, en quelque sorte, associer ce chemin à celui d'Orléans, préférer la vallée de la Seine, déjà richement dotée, à celle de l'Yères, et traverser Corbeil, en allongeant la ligne de 24 kilomètres ?

Telle est la première question qui s'est agitée ; il s'est imprimé et débité pour sa solution, de part et d'autre, plus d'exagérations que le remaniement de l'Europe n'en a produit au congrès de Vienne.

La seconde, toute de détail et d'art, consistait à savoir si l'on éviterait l'érection des deux viaducs de Brunoy, en faisant suivre au chemin de fer la rive gauche de l'Yères, et en longeant le plateau de la forêt de Senart. Combien de fois, à cette occasion, n'ai-je pas entendu porter, contre le savant ingénieur Jullien, l'accusation d'avoir sacrifié les deniers de la compagnie, à la satisfaction de rattacher son nom aux deux monuments dont je parle.

L'expérience a déjà fait justice de ce dénigrement, et, en effet, partout où la ligne du chemin de fer a touché profondément le sol glaiseux du versant du plateau de Senart, des éboulements considérables se sont produits, des dépenses énormes ont été faites ; à Yères, à Epinay, à Combes-la-Ville, les tranchées se sont successivement affaissées, les remblais ont tassé ; celui de Combes-la-Ville notamment, a longtemps menacé le moulin de Vaux-la-Reine, sur lequel il glissait.

Ces faits se fussent produits avec bien plus de gravité dans la traverse de Brunoy, sur la rive gauche de l'Yères ; là, l'épaisseur des glaises est incommensurable ; là aussi, la presque totalité des eaux de la forêt de Senart s'écoule vers la rivière ; on peut presque affirmer que le plateau et ses nombreuses villa fussent descendus pêle-mêle dans la vallée.

Au point de vue de l'économie, comme à celui de la sécurité des habitants de Brunoy et des voyageurs, on doit reconnaître et publier, comme manifestation de la vérité, que les études préparatoires de l'ingénieur ont été sagement dirigées, et que le parti par lui pris, était le seul rationnel.

Quand plusieurs siècles se seront accumulés sur les viaducs de Brunoy ; que les bouleversements sociaux qui nous menacent auront détruit notre civilisation ; que les mougiks russes ou les sauvages du nouveau monde, civilisés à leur tour, viendront en voyageurs curieux et érudits, sonder les ruines de notre vieux monde, et que du haut des collines voisines, ils regarderont avec étonnement et admiration, les derniers vestiges des viaducs de Brunoy, peut-être que le hasard ou l'oubli d'un épicier, leur fera retrouver dans cette page, le nom de l'ingénieur qui certes, de nos jours, n'a pas besoin de l'infime relief qu'elle peut lui donner.

Avant d'être achevés, les viaducs de Brunoy ont peut-être couru le danger d'être détruits ; en juin 1848, lors de la première bataille socialiste, livrée à Paris, plusieurs ouvriers énoncèrent assez hautement l'intention de les faire sauter, pour se procurer, disaient-ils, de l'ouvrage.

Le pont de Brunoy, emporté en 1779, par une crue de l'Yères, fut reconstruit par ordre de Monsieur, frère du roi, sur les plans et sous la direction de l'architecte Perrault, le même qui, peu de temps après, fit construire le pont de Neuilly.

On croit généralement, et à tort, que le pont de

Neuilly fut le premier qui reçut une forme parfaitement horizontale, celui de Brunoy peut revendiquer la priorité, il a servi de modèle au second.

Il est, du reste, un petit chef-d'œuvre d'élégance et de goût, il est fâcheux, qu'encadré dans de nombreux massifs d'arbres, on ne puisse saisir son ensemble et ses détails, que de quelques propriétés privées.

CHAPITRE XVIII.

VALLÉE D'YÈRES. — GUERRES DE LA FRONDE. — LE CAMP DES LORRAINS.

> Que j'aime à voir l'Yère au pied de ces côteaux,
> Rouler en serpentant le cristal de ses eaux
> Entre des peupliers qui couronnent sa rive,
> Elle semble arrêter son onde fugitive.
> (L'abbé MAUMENET, *Mercure galant* de juin 1700.)

Brunoy et la vallée d'Yères ont servi de théâtre à l'un des plus graves événements des guerres de la Fronde ; avant d'indiquer les points de cette vallée, où se passèrent les faits historiques auxquels nous faisons allusion, il est nécessaire d'entrer dans quelques détails rétrospectifs qui puissent y rattacher l'intérêt que ces lieux méritent.

Durant la minorité de Louis XIV et la régence d'Anne d'Autriche, alors que le cardinal Mazarin, premier ministre, concentrait en lui seul les immenses pouvoirs que Richelieu avait su réunir autour du trône, avec une volonté et un bras de fer, une faction puissante se forma dans Paris, toujours prêt aux agitations, toujours disposé aux changements.

Elle emprunta son nom aux combats que se livraient alors les enfants de la ville, dans les fossés de son enceinte, malgré les défenses de la police et malgré les poursuites des archers qui, quelquefois, furent repoussés par ces enfants à coups de fronde (1).

Elle commença comme toutes les séditions, comme toutes les révolutions, par des projets de réforme, vain leurre à l'usage des factieux de tous les temps, pour entraîner les masses, et qui, dans cette circonstance, cachait la jalousie qu'inspirait Mazarin, et surtout l'ambition de Gaston, duc d'Orléans, premier prince du sang, lieutenant-général du royaume, trop rapproché du trône pendant une minorité, pour n'être pas soupçonné d'avoir voulu y porter la main ; mais trop dépourvu d'énergie et des hautes qualités, qui, deux siècles plus tard, dans des circonstances à peu près identiques, mirent l'un de ses descendants sur le trône de Charles X.

Le meneur le plus ardent, le plus implacable ennemi du ministre et de la reine, celui qui vingt fois entrava toute tentative de rapprochement entre les partis, fut Jean-François-Paul de Gondi, coadjuteur-archevêque de Paris, connu depuis sous le nom de cardinal de Retz, esprit brouillon, homme vain et dissolu, qui avoue lui-

---

(1) Anquetil, fol. 148, t. III.

même, dans ses *Mémoires*, que, devant toute sa fortune et son archevêché à la reine, il se jeta tête baissée dans les troubles de la Fronde, sans motifs sérieux et sur les excitations de quelques-uns de ses parents, qui eux au moins n'avaient pas, comme lui, pour s'abstenir, des motifs de reconnaissance.

De nos jours, Monseigneur Affre, qui, de même que Retz, devait son siége archiépiscopal à la haute faveur de son roi, crut pouvoir se livrer à quelques actes d'opposition, alors que de nouveaux frondeurs préludaient, sans le savoir, par d'aveugles projets de réforme, à la chute d'un trône.

Affre racheta noblement de sa vie, sur les barricades, pour le salut de ses concitoyens, son opposition de quelques jours; Retz, après cinq ans de sédition et de lutte factieuse, reconquit la faveur de Louis XIV; le premier eut la palme du martyr; le second, le chapeau de cardinal.

La fronde envahit à peu près toute la France, la mode s'en empara; les femmes de la plus haute distinction, des princesses du sang royal s'y mêlèrent; on vit mesdames de Frontignac et de Fiesque, proclamées maréchales-de-camp, passer des revues (1); Mademoiselle, fille de Gaston d'Orléans, et la duchesse de Chevreuse, tirer le canon de la Bastille sur les troupes

---

(1) Anquetil, p. 625, t. III.

royales. — Les plus hauts seigneurs prirent part à cette rébellion et devinrent coupables de haute-trahison, avec une légèreté que nulle autre époque de notre histoire n'a reproduite, malgré la propension de notre caractère national à ce défaut.

Cette légèreté fut si grande, que très-peu auraient pu dire, pourquoi ils se battaient.

Un très-petit nombre des hommes politiques de l'époque traversèrent les cinq années que dura la Fronde, sans embrasser successivement l'une et l'autre des causes.

On vit la cour assiégée dans Paris par Turenne, et défendue par le prince de Condé; puis ce même Turenne, au nom du roi, attaquer Condé rebelle, jusque dans les fossés du faubourg Saint-Antoine.

On eut enfin ce curieux spectacle de deux gentilshommes, les marquis de Canillac et de Rouillac, se rencontrant chez le coadjuteur, pour lui offrir tous deux leurs services, et s'écriant, en s'apercevant mutuellement, qu'il n'était pas juste que les plus grands fous du royaume fussent du même côté, et qu'il fallait que l'un d'eux allât à l'hôtel de Condé; en effet, le marquis de Canillac s'y rendit (1).

Cette sédition coûta à la France le plus pur de son sang, ruina les provinces, y appela deux armées en-

---

(1) Anquetil.

nemies, celle d'Espagne et celle du duc de Lorraine, Charles IV; apprit aux Parisiens, le 27 août 1648, l'art et la force des barricades, dont ils avaient fait une première fois usage du temps de la Ligue; eut son 14 juillet, par le massacre à l'Hôtel-de-Ville des magistrats les plus intègres de la cité; vit son roi prisonnier dans Paris, et enfin, finit comme elle avait commencé, sans motifs sérieux et seulement par la lassitude générale, par un retour fortuit à ce sentiment de religieuse affection, qui anima si longtemps les Français pour leurs rois, et enfin par les efforts constants et énergiques de Molé, premier président du parlement, le seul homme historique qui domine cette époque, et qui console de tant de légèreté, de bassesse et de honte. Noble type du dévouement, statue grandiose de la fidélité, devant laquelle on ne peut passer sans s'arrêter.

Mathieu Molé eut en partage, à un haut degré, le courage civil, toujours plus rare, plus difficile et plus dangereux que l'intrépidité militaire; il sut défendre avec une constance inébranlable les principes d'ordre et de respect pour les lois et la royauté, soit au sein du parlement, soit au milieu des séditions : souvent il eut mille instruments de meurtre levés sur sa tête; il repoussait les cris, les menaces et les hurlements d'une populace mutinée, d'un regard froid, sévère et impassible, avec autant de tranquillité que s'il eût été sur son tribunal.

Molé ayant posé les préliminaires d'un traité entre le parlement et la cour, les frondeurs en furent exaspérés, le peuple fut ameuté, les salles du parlement furent envahies, les factieux demandaient qu'on leur abandonnât la signature de Mazarin, pour la brûler et qu'on leur livrât les traîtres qui avaient souscrit ce traité : Molé soutint cet assaut avec son intrépidité ordinaire ; on voulait le faire s'esquiver par une porte de de derrière, il répondit gravement :

« La cour ne se cache jamais, si j'étais assuré de « périr, je ne commettrais pas cette lâcheté (1). »

Au milieu des factieux, sous le poignard des mutins, il raillait le coadjuteur qu'il croyait l'auteur de la révolte, et qui paraissait se donner beaucoup de mouvement pour le sauver. « Hé, mon bon seigneur, lui « disait-il ironiquement, dites le bon mot. »

Un forcené lui appuya le pistolet sur le visage ; sans pencher la tête, Molé se contenta de dire : « Quand « vous m'aurez tué, il ne me faudra que six pieds de « terre ; » il n'en marcha pas plus vite.

Au moment de la plus grande puissance des frondeurs dans le parlement, un des meneurs ayant fait comprendre qu'un traité venait d'être fait par quelques-uns des chefs avec les Espagnols, sous la sauvegarde du parlement. « Nommez-les, dit impétueusement

---

(1) Procès-verbal, n° 1.

« Molé, et nous leur ferons leur procès, comme à des « criminels de lèse-majesté. »

En 1651, un rapprochement entre la reine et le duc d'Orléans était vivement désiré par les honnêtes gens, Gaston, excité par Gondi, le repoussait : « Eh, Monsieur! lui dit Molé d'un ton pénétré, ne perdez pas le royaume, vous avez toujours aimé le roi. »

Il tira des larmes des yeux des assistants par l'onction qu'il mit dans ces paroles.

Il travaillait un jour dans sa maison, pour le service du roi, avec l'un des hauts fonctionnaires de l'Etat, l'émeute grondait dans la rue, on en voulait à ses jours, sa famille faisait barricader les portes, et se préparait à une défense vigoureuse, en attendant des secours.

Molé seul descend et se présente à la populace furieuse ; cette noble tête sans défense, son regard à la fois terrible et triste, firent une telle impression sur les factieux, qu'ils reculèrent épouvantés et prirent la fuite ; Molé remonta dans son cabinet et sans nulle émotion, reprit son travail (1).

François de La Rochefoucault, prince de Marcillac, auteur des *Maximes*, qui fut seigneur de Brunoy, en

---

(1) Le hasard me fit assister à la Chambre des députés, lorsque Molé, ministre de Louis-Philippe, lutta seul contre la coalition ; je crus voir, dans sa calme énergie, le génie de l'aïeul planant sur la tête du petit-fils ; mes souvenirs historiques m'apparurent menaçants ; j'eus dès lors quelques pressentiments de la chute d'un trône, qui perdait l'appui d'un Molé.

1676, prit une part très-active à la Fronde ; moraliste de la plus haute portée dans ses écrits, il mit constamment ses actions en opposition avec ses principes, rien ne peut le peindre comme les vers ci-après, écrits de sa main derrière le portrait de la duchesse de Longueville :

> Pour captiver son cœur, pour plaire à ses beaux yeux,
> J'ai fait la guerre au roi, je l'aurais faite aux dieux.

Il parodia lui-même ces vers ; sa maîtresse lui ayant été infidèle, et la guerre contre son roi lui ayant valu une balle qui, le frappant près des yeux, lui occasionna une presque cécité :

> Pour ce cœur inconstant qu'enfin je connais mieux,
> J'ai fait la guerre au roi, j'en ai perdu les yeux.

Je ne cite les premiers vers qui sont fort connus, qu'à cause des derniers qui le sont beaucoup moins.

Le coadjuteur qui n'aimait pas La Rochefoucault, bien qu'il fût du même parti, lui prête un goût très-décidé pour l'intrigue, mais en même temps beaucoup d'irrésolution.

Tous les matins, disait le comte Matha, le plaisant de la cour, *il fait une brouillerie, et tous les soirs, il travaille à un rhabillement* (1).

L'un des premiers, il se jeta dans le parti des princes, fut le plus zélé promoteur du traité qui amena

(1) Anquetil, p. 548, t. III.

l'armée espagnole au centre de la France, il alla s'enfermer dans Bordeaux, qui, sous les auspices de son parlement, avait pris parti contre le roi.

Ce fut au siége de cette ville, qu'arriva un bien triste événement, qui a servi de canevas à l'un des drames les plus émouvants du boulevard, le maréchal de la Meilleraie, ayant pris à discrétion un officier bordelais, le fit pendre; La Rochefoucault, dans le même temps, retenait prisonnier sur parole le baron de Cannoles, capitaine royaliste, il le fit prendre au milieu d'une partie de plaisir, et le fit attacher à une potence.

Pendant l'investissement d'Étampes, dirigé par Turenne, pour le roi, le duc de Lorraine, Charles IV, sous prétexte de secourir la cour, entra en France; il traversa la Champagne en véritable pandour, pillant et saccageant tout sur son passage, sans être inquiété; les armées royales ayant reçu l'ordre de favoriser sa marche. Mais la cour fut cruellement détrompée, lorsque arrivé le 31 mai 1652 près de Paris, Charles se joignit aux princes (1).

Il vint placer, pour le malheur de la vallée d'Yères, son camp sur le plateau qui se trouve former le point intermédiaire entre Villeneuve Saint-Georges, Brunoy et Grosbois, au milieu des bois de la Grange, en un

---

(1) Anquetil, p. 625, t. III; Bussy, t. I, p. 325; Montpensier, t. II, p. 72; Retz, t. III, p. 160; La Rochefoucault, p. 234.

lieu encore appelé de nos jours, le Camp des Lorrains, appartenant maintenant au prince de Wagram, qui récemment et par acte de mon ministère en a fait l'acquisition de la commune d'Yères.

Le Lorrain avait ses postes avancés jusqu'à Villeneuve-Saint-Georges, où il avait jeté un pont de bateaux sur la Seine, par lequel il espérait perfidement faire jonction avec l'armée des princes, que celle du roi laissait sortir d'Étampes, sous la foi d'un traité, aux termes duquel Charles IV devait quitter immédiatement la France.

Turenne eut le pressentiment de son projet; et, sans consulter la cour confiante et trompée, il force ses marches, traverse la Seine à Corbeil, se couvre de la forêt de Senart, longe la rivière d'Yères et après quelques combats d'avant-poste, débouche dans la plaine de Villeneuve-Saint-Georges, dans la matinée du 14 juin 1652. Il fait immédiatement sommation au duc de Lorraine d'avoir à lui livrer son pont de bateaux et à exécuter le traité.

Charles, pris au dépourvu, n'ayant même pas eu le soin d'entourer son camp de fortifications, se confiant dans les bois qui l'entouraient, n'ayant rien préparé pour une action, se détermine à se soumettre aux dures conditions de Turenne; il donne des ôtages et livre son pont, qui est détruit à l'instant même. Il était temps, car Condé à la tête de sa cavalerie, suivi de près par son infanterie, arrivait sur les bords de la rivière, d'où il put encore voir son allié se retirer honteusement.

Cet événement fut un de ceux qui contribuèrent le plus à la fin des guerres de la Fronde, dont la vallée d'Yères eut plus à souffrir qu'aucune province de France, précisément à cause de la proximité du camp des Lorrains.

Ces étrangers avaient, par leurs pillages, amassé des richesses immenses, leur camp était comme une foire où l'on voyait exposés, des habits, des meubles, des effets de toute espèce, enlevés aux habitants des campagnes; le peuple de Paris courut en foule acheter le fruit de ces vols faits à des Français.

Le duc de Lorraine au château de Grosbois, les officiers dans le camp, donnaient des fêtes aux dames de Paris, pendant que le laboureur pleurait sur la ruine de ses champs et de sa famille.

« J'ai vu, dit Laporte dans ses *Mémoires*, j'ai vu sur
« le pont de Melun, trois enfants sur leur mère morte,
« l'un desquels la tetait encore (1). »

J'ai cru retrouver parmi les habitants de la vallée d'Yères, là cependant où les traditions sont si rares, à cause de la mobilité continuelle que le voisinage de Paris occasionne dans la population, quelques souvenirs des maux que leurs pères ont soufferts;

---

(1) Montpensier, t. II, p. 75; Laporte, p. 289.

d'abord, le nom de camp des Lorrains, conservé au lieu où la scène que nous venons de raconter se passa; puis, la dénomination de Bois d'Enfer, donnée à la portion de la forêt qui couvrait le camp des Lorrains, sise entre ce camp et le territoire d'Yères; enfin, la répulsion vivace et à peu près générale de notre population contre les Lorrains.

Nulle part, en effet, le proverbe dont l'histoire a frappé le duc de Lorraine en punition de ses trahisons, de ses duplicités et de sa félonie « *Lorrain traître à Dieu, au roi et à son prochain,* » nulle part, dis-je, cet anathème n'est accueilli avec plus de faveur.

Quelques traces matérielles des escarmouches et des mouvements stratégiques des armées qui ont manœuvré à cette époque, dans la vallée d'Yères, ont été retrouvées.

Il y a environ dix ans, que faisant pêcher dans la rivière; mes filets ramenèrent un éperon de bottes fortes, comme on les portait au commencement du règne de Louis XIV; cet éperon parfaitement conservé, portait pour molette, une étoile à trois pointes, dont chacune avait environ un pouce de long, l'écartement des membrures était d'environ dix pouces.

En 1846, M. Plicque, propriétaire des moulins de Brunoy, ancien membre du conseil d'arrondissement, faisant fouiller dans sa propriété, non loin du grand viaduc du chemin de fer, à l'endroit appelé le Fort

Mahon, trouva les ossements de deux cadavres, et à côté d'eux, la batterie oxydée d'un pistolet de forme espagnole, à chien renversé, tels qu'ils étaient en usage à cette époque.

Peu de temps après, la drague d'un ouvrier ramena la lame d'une épée, de forme datant du même temps.

Charles de Lorraine, duc d'Elbeuf, prince d'Arcourt, seigneur de Brunoy, de 1656 à 1673, prit également parti pour la Fronde, sans que l'histoire lui attribue rien qui mérite d'être rapporté.

CHAPITRE XIX.

YÈRES, MARQUIS DE MANDAT, BUDÉ, BOREL, ABBAYE, CAMALDULES, HIPPOLYTE MONPOU.

Récemment M. Pinard a publié sur Yères une brochure fort complète, cette circonstance me permettra d'être bref; tout en résumant les matériaux qu'il a réunis, je m'appliquerai à produire ceux qui lui sont échappés.

Yères est un des jolis villages de la vallée; il a donné son nom à la rivière qui serpente au fond de cette vallée.

On connaît un édit de François Ier du 28 juillet 1544, daté d'Yères; ce monarque était venu, selon toute apparence, y visiter le savant Budé, qu'il honorait de son amitié.

L'église est dédiée à saint Honest, prêtre de Pampelune; elle en possède les reliques.

L'abbaye d'Yères fut fondée en 1132 par dame Eustache, comtesse d'Estampes et de Corbeil, sœur du roi Louis le Gros (1).

(1) Dubreuil, *Diocèse de Paris*, f° 895.

En 1138, le roi Louis VII et Philippe-Auguste, en 1189, confirmèrent aux religieuses d'Yères toutes leurs possessions, terres, coutumes et franchises. Au nombre de ces propriétés se trouvait une maison sise à Paris, dans la rue qui porte maintenant encore le nom des Nonains d'Yères. Ce fut en 1182 que dame Eve, abbesse d'Yères, acheta cette maison, dite de la Pie, à Richard Villain, moyennant 25 livres et 50 sous de cens annuel (2); ce fut alors que la rue prit le nom que nous venons d'indiquer.

La liste des noms des abbesses de ce couvent, qui se trouve dans Dubreuil, n'offre rien de bien remarquable, si ce n'est celui de Marie de Touteville, qui fut comme la seconde fondatrice de l'abbaye; car, comme dit Dubreuil, *elle y a quasi tout refaict à neuf, comme bien appert en ses armoiries;* » elle fut abbesse 14 ans, et trépassa l'an 1537, le vendredi 11 janvier; et si ce n'est encore celui de la trente-troisième abbesse, Marie de Pisseleu, qui fut interdite en 1557; elle était jeune et jolie; ses vœux, sa robe de bure et les murs du cloître n'avaient pu la défendre d'un trop tendre attachement. Elle avait sous les yeux la brillante carrière que la galanterie avait ouverte à la belle Anne de Pisseleu, sa sœur, duchesse d'Étam-

---

(1) Dubreuil.
(2) Lazare, *Dictionnaire administratif et historique des rues de Paris.*

pes, maîtresse de François I**er**, qui, à son retour de Madrid, l'ayant trouvée à Bayonne, à la suite de Louise de Savoie, dont elle était fille d'honneur, en était devenu éperdument amoureux, l'avait mariée en 1536 à Jean de Brosse, petit-fils du fameux Philippe de Commines, et lui avait fait présent du comté d'Étampes, qu'il avait pour elle, érigé en duché (1).

Les deux sœurs étaient filles de Guillaume de Pisseleu, seigneur de Heilly, d'une très-ancienne noblesse de Picardie.

L'interdiction de Marie de Pisseleu, malgré la haute faveur de sa sœur, fait honneur aux religieuses d'Yères, c'est un acte de haute indépendance et de louable fermeté.

Ce fut après cette interdiction, qu'on grava sur la porte extérieure de la portion de l'abbaye qui servait de logement à l'abbesse, les mots suivants, qui s'y lisent encore : « Hæc porta Domini, justi intrabunt in eam » (Psaume 117) (2).

Ce monastère fut patronné par Maurice, évêque de Paris, inhumé en l'abbaye de Saint-Victor, sur la tombe duquel on lit l'inscription suivante :

Hic jacet R. T. Mauricius Episcopus Parisiensis, qui magnam Basilicam S. Mariæ Virginæ inchoavit anno Domini MCLXXXXVI, III, f. dies septembris.

---

(1) Extrait du *Dictionnaire historique* de l'abbé Lavocat.
(2) Les justes seuls n'y étaient pas entrés jusque-là.

On le voit, l'origine du couvent des nonains d'Yères se lie intimement à l'achèvement de Notre-Dame de Paris, commencée, dit-on, en 522, en la troisième année du règne de Childebert, fils de Clovis.

Cet évêque est surnommé, dans l'histoire ecclésiastique de France, de Soliaco, qui est Soilly en Berry, où il naquit d'une pauvre femme nommée Umbergue, qui n'eut jamais le moyen de le faire estudier, toutefois, lui, confiant en Dieu, vint à Paris, où par aumosnes, vivostant, il estudia si bien qu'il parvint à être docteur.

Jean Hérold, continuateur de l'histoire de la guerre sainte composée par Guillaume, archevêque de Tyr, au livre Ier, chapitre 11, rapporte :

« Que quand on lui offrait aumosne à condition
« qu'il ne consentirait jamais d'être évesque, il ne le
« voulait accepter, ne se voulant obliger contre sa
« future fortune. » Ce que l'auteur attribue, non à son ambition, mais à ce proverbe ancien : il faut laisser faire Dieu, dont on a fait celui plus moderne : il faut que la volonté de Dieu soit faite.

Ce même évêque, en outre du monastère d'Yères, fonda ceux de Hérivaux, Hermières et Gif.

Jamais évêque de Paris sublime de lignée et grand en biens ne fit autant pour l'Eglise, que le pauvre escolier mendiant parvenu à cette dignité, par son savoir et ses saintes mœurs : maître Rigord, chronographe en la Vie du roi Philippe-Auguste, l'appelle le père des pauvres.

Le couvent des Camaldules est beaucoup plus récent ; placé au milieu des bois dépendants du domaine de Grosbois, il eût été difficile de trouver un site plus solitaire et plus gracieux.

L'église du couvent était dédiée à saint Jean-Baptiste ; elle est entièrement détruite ; le propriétaire de l'une des maisons de campagne qui sont posées sur les ruines de ce monastère m'a affirmé avoir trouvé sous le maître-autel de cette église une trappe communiquant dans des souterrains par lui ouverts, et dans ces souterrains des amas d'ossements humains.

J'ai vu une partie de ces souterrains, maintenant détruits et comblés ; mais je n'affirme rien sur l'emploi auquel ils pouvaient être destinés, et fais une large part aux exagérations de l'imagination.

Ce couvent reçut dans ses murs un grand nombre de pieux cénobites de haute distinction, que le dégoût des vanités du monde attirait dans cette solitude.

CHATEAU D'YÈRES.

Les deux tours du pont-levis du château d'Yères se voient encore sur la place du village. Ce château, au quatorzième siècle, appartenait à la maison de Courtenay, alliée à la famille des rois de France, et qui régna à Constantinople.

La famille Budé le posséda, du treizième au dix-septième siècle.

Guillaume Budé, l'un des membres de cette famille, ancien seigneur d'Yères, né en 1467, de Jean Budé, grand audiencier, eut une telle passion pour l'étude qu'à vingt-trois ans il contracta de violents maux de tête, dont il souffrit toute sa vie ; il devint l'homme le plus savant de son temps ; il réveilla en France le goût de la langue grecque ; il mérita d'être secrétaire du roi Charles VIII et ami de François Ier, auquel il communiqua ses goûts pour la science et les arts.

Un jour que le feu avait pris à sa maison, pendant qu'il était absorbé au milieu de ses livres : « Avertissez ma femme, dit-il à celui qui venait lui annoncer cet événement ; je ne me mêle pas du ménage.

Il fut l'ami de tous les savants qui méritèrent à son siècle, le titre historique et glorieux du siècle de la renaissance.

Clément Marot, Erasme, Antoine Hervet, Hugues Salet, Bonaventure des Périers, Louis du Tillet, Calvin et Rabelais conservèrent toujours avec lui les relations les plus intimes ; on en retrouve les traces, dans une foule de lettres et de poésies du plus haut mérite qui sont arrivées jusqu'à nous.

Puisque je viens de parler de Rabelais, c'est peut-être le cas de dire l'origine du fameux quart d'heure qui tire son nom du malin et pantagruélique curé de Meudon. Ce malheureux proverbe est la fin de tous nos plaisirs, sachons au moins d'où il vient.

Rabelais, chargé d'une mission diplomatique près de François Ier, revenant de Rome, où il avait passé six mois comme médecin et ami de l'ambassadeur de France, Jean du Belloy, évêque de Paris, fut forcé de s'arrêter à Lyon, sous le voile de l'incognito qui lui était recommandé.

Ayant fait grande chère dans son hôtellerie, suivant sa coutume, quand vint le moment de payer, il se trouva qu'il n'avait plus d'argent dans son escarcelle, ni personne dans la ville à qui il pût en demander. Pendant un quart d'heure, grand fut son embarras; il maudissait ses habitudes de gourmandise et de luxe, faisait les plus beaux projets d'abstinence pour l'avenir; mais tout cela ne payait pas son hôte. Voici le stratagème dont il s'avisa : il fit demander tous les médecins de la ville, il les entretint longtemps et savamment des questions les plus difficiles de la médecine; puis, prenant un ton mystérieux, après avoir fermé toutes les portes, il leur annonce qu'il rapporte d'Italie un poison nouveau et des plus subtils, qu'il destine au roi et à sa famille. A ces mots, les médecins s'enfuient, la maison est cernée ; on arrête Rabelais, criminel de lèse-majesté, et, comme tel, on le traite à Lyon et sur toute la route de Paris, avec magnificence, comme un prisonnier de distinction.

Grande fut la surprise des gardes auxquels il avait été confié, lorsque à son arrivée au Louvre, Rabelais fut accueilli à bras ouverts par François Ier, qui, après avoir beaucoup ri de la ruse de son compère Rabelais, remercia les bons Lyonnais de leur attachement à sa personne.

L'emplacement du château d'Yères, après avoir appartenu à la famille du Harlay, a passé entre les mains de deux propriétaires différents, MM. Hamelin et Dècle.

Dans l'une de ces propriétés est une source qui, par son heureuse situation, l'abondance et la limpidité de ses eaux, a inspiré les deux pièces de vers suivantes :

L'une, de M. Barcos, intendant de la maison de Villeroy, avait été gravée sur une pierre placée au-dessus de la fontaine, et s'exprime ainsi :

> Dans les eaux de cette fontaine,
> Budé a puisé son savoir :
> Harlay l'a mise en mon pouvoir ;
> Où chercher ailleurs l'Hippocrène ?

L'autre, de Voltaire, a été gravée sur le roc, au-dessous du médaillon représentant le buste de Budé :

> Toujours vive, abondante et pure,
> Un doux penchant règle mon cours.
> Heureux l'ami de la nature
> Qui voit ainsi couler ses jours !

L'un des plus anciens domaines d'Yères est celui que possède en ce moment M. Gratien Milliet, juge au tribunal de commerce de la Seine, qui vient d'y faire de grandes améliorations; il portait le nom de fief de Castille, et comprenait la ferme de Narelles. Le tout avait été réuni au domaine de Brunoy par le comte de Provence, depuis Louis XVIII.

En face est la propriété de Borel, célèbre par ses talents culinaires, l'immense réputation qu'il sut donner à son *Rocher de Cancale*, et aussi par les chansons du Caveau de Comus, auquel il ouvrait ses salons.

Borel tenait cette propriété de la famille de Mandat, modèle de dévouement et d'héroïsme.

Antoine-Jean Galliot, marquis de Mandat, capitaine au régiment des gardes, commandant en chef de la garde nationale parisienne en 1792, était chargé, au 10 août, de la défense du palais des Tuileries.

On lui parlait de ses dangers: « Je sais, dit-il, le sort auquel je suis réservé ; mais je réponds des jours du roi ; jusqu'à mon dernier soupir, je ne quitterai pas mon poste.

Dès le 8 août, Péthion lui avait donné l'ordre écrit de repousser la force par la force. Cet ordre inquiétait les factieux.

Mandat fut appelé à l'Hôtel-de-Ville le 10 au matin.

Le président de la commune ayant fait le signal usité dans les cirques romains, lorsque la vestale indiquait que le gladiateur vaincu devait mourir, Mandat fut massacré à coups de pistolet sur les marches de l'Hôtel-de-Ville, arraché tout sanglant des bras de son fils, jeune encore, qui avait voulu l'accompagner, puis traîné dans les ruisseaux et jeté à la Seine.

C'est ce fils qui, devenu propriétaire de la maison d'Yères, la vendit à Borel.

La nièce du marquis de Mandat, âgée de vingt-quatre ans, fut traduite au tribunal révolutionnaire. Voici le texte de l'acte d'accusation prononcé par Fouquier-Thinville : « Il n'y a rien contre la citoyenne « Mandat; mais elle s'appelle Mandat, je conclus à la « mort. »

Elle mourut en criant : Vive le roi!

Le baron de Mandat, frère de Mlle de Mandat, fut passé par les armes à Caen, le 18 septembre 1798. Il ordonna lui-même le feu, en criant, comme sa sœur : Vive le roi !

Tant de courage et d'héroïsme sont à peu près oubliés à Yères : tout le monde s'y souvient de Borel.

La propriété conserve son nom.

Oh puissance du Falerne et des truffes!

Rome doit périr, Lucullus fait oublier Scipion.

Les hommes de la plus forte trempe ne sont pas à l'abri de certaines faiblesses.

M. le marquis de Mandat possédait un très-bel hôtel, dont la porte d'entrée par la cour donnait sur la rue Chapon, et un autre, par les jardins, sur la rue Courtaut-Vilain; ayant reçu une lettre dont la suscription était: à M. de Mandat, Chapon sur le devant, Courtaut-Vilain par derrière, il fut si piqué de cette plaisanterie, qu'il mit tout son zèle à demander le changement de nom de ces deux rues; c'est par suite de cette demande que la rue Courtaut-Vilain prit le nom de Montmorency, qu'elle porte encore maintenant. La rue Chapon a conservé le sien.

HIPPOLYTE MONPOU.

François-Louis-Hippolyte Monpou, compositeur dramatique et religieux, quoique né à Paris le 12 janvier 1804, doit être considéré comme originaire d'Yères, où son père habitait et où s'est passée sa première jeunesse.

Ses *Deux Archers*, le *Fou de Tolède*, l'*Andalouse*, le *Voile blanc*, marquèrent son talent du sceau de l'originalité et de la hardiesse.

Les Deux Reines, le *Luthier de Vienne*, *Piquillo*, mirent le comble à sa réputation; il avait commencé *Lambert Sinel*, (achevé depuis par Adam et représenté avec succès), lorsque la mort le surprit à la fleur de l'âge et du talent, dans le cours d'un voyage qu'il faisait à Blois.

Son chant du cygne fut son duo, *Exil et Retour*, il ne devait plus revenir.

Monpou fut successivement organiste à Tours, maître de chapelle de Saint-Thomas-d'Aquin, de Saint-Nicolas-des-Champs, de la Sorbonne, et enfin de l'Abbaye-aux-bois.

J'ai eu occasion de connaître Monpou dans un moment où sa réputation, déjà méritée, acquise et vivace parmi les artistes, n'avait pas encore resplendi dans le public comme elle l'a fait depuis, bref, elle n'était point encore venue jusqu'à moi, modeste notaire de campagne; cette ignorance, fit naître pour moi une pénible situation.

Ayant à recueillir des notes pour la vente de quelques propriétés qu'il possédait à Yères, je me présentai chez lui et n'y trouvai que sa femme, gracieuse et nouvelle Eurydice, trop tôt déshéritée de son époux; après avoir pris les noms et prénoms de Monpou, je demandai innocemment la qualité que je devais lui attribuer.

Je n'ai jamais rien vu de plus beau que le regard étonné, courroucé, presque furieux, se projetant sur un piano ouvert, de cette femme protégeant la gloire de son mari; elle me répondit sec et net : Artiste; une mère défendant ses petits, n'eût pas été plus belle.

Je lui fis mes excuses, je les renouvelle ici.

Les terres de Monpou étaient très-rapprochées du

mont Griffon, dont je vais parler; sa veuve y possède même encore une petite parcelle de bois.

MONT GRIFFON.

On cite la vue de Saint-Germain, je conseille aux promeneurs de visiter le mont Griffon.

De ce point culminant, sur lequel M. le vicomte du Taillis a fait établir un kiosque chinois, un immense panorama se développe avec magie : Paris, ses palais, ses dômes, ses églises, couronnent splendidement un incommensurable horizon, resplendissant de luxe et de verdure, au fond duquel la Seine, comme un immense serpent aux écailles argentées, glisse, fétiche bienfaisant, vers la Rome moderne, qu'elle paraît chercher.

Avant d'arriver au Griffon, les visiteurs trouveront les vastes ruines des bâtiments, près le bois d'Enfer, dont j'ai déjà parlé.

Du premier point ils verront le présent dans toute sa splendeur; le second les reportera dans le vague grandiose et sombre des siècles passés.

CHAPITRE XX.

GROSBOIS. — BERTHIER, PRINCE DE WAGRAM.

Le cadre restreint que je me suis imposé ne me permet pas de faire l'histoire de Grosbois, qui à elle seule nécessiterait un volume. Les hommes historiques qui l'ont habité, tels que le comte de Provence, Barras, Moreau, Berthier, prince de Wagram, offriraient une mine trop féconde, que je laisserai exploiter par une plume plus exercée; je n'en dirai que quelques mots.

Grosbois, avant la révolution, faisait partie du marquisat de Brunoy, le comte de Provence avait réuni les deux propriétés.

Au temps de Louis XIII, Grosbois appartenait à l'un des derniers rejetons de la branche des Valois, tombé dans la misère et criblé de dettes.

Ce Valois avait fait de Grosbois un atelier clandestin de fausse monnaie; un jour que Louis XIII, étonné de ne le voir que très-rarement à sa cour, lui demandait :

« Eh ! que faites-vous donc toujours à Grosbois ? — Je n'y fais, répondit-il, *que ce que je dois.* »

La trop fameuse femme de Lamotte, intrigante si fatalement mêlée à l'histoire du collier de la reine Marie-Antoinette, était l'arrière-petite-fille du faux monnoyeur grand seigneur dont nous venons de parler.

J'ai trouvé dans les Mémoires de Mesdames, par Monsigny, tome Ier, un fait bien peu connu, qui fait le plus grand éloge de Berthier, depuis prince de Wagram, et qui n'a peut-être pas peu contribué à attirer sur lui les yeux de l'homme du siècle si bon appréciateur du courage.

Berthier, général dès cette époque, avait été chargé par Louis XVI de favoriser le départ de Mesdemoiselles, sœurs de S. M., émigrant pour Rome ; elles avaient obtenu un passe-port du ministre, et l'avaient fait viser par leur municipalité, elles étaient parfaitement en règle.

Les clubs eurent avis de ce projet, ils ameutèrent la populace ; après une lutte courageuse, dans laquelle une partie de sa troupe lui fit défection, Berthier fut enfermé dans les caves de Bellevue, il y soutint un siége, y courut dix fois risque d'être égorgé, et ce ne fut que le 14 mars 1791 qu'il fut dégagé et put faire exécuter les ordres du roi ; il ne dut son salut qu'à son sang-froid et à son courage, il sut éviter également le carnage qu'il eût pu faire des factieux.

Les talents militaires et administratifs de Berthier ont sans doute plus que toute autre chose contribué à lui faire toucher les marches d'un trône; mais qui sait si le fait historique que je viens de rapporter n'a pas été son point de départ?

Les talents militaires et administratifs de Berthier ont surtout cela plus que toute autre chose brant une lui faire tomber les mérites d'un triomphe qui est le fait historique de la Mort. Le renoncer à a pu son point défini...

CHAPITRE XXI.

CHATEAU DE LAGRANGE. — LE MARÉCHAL DE SAXE.

A trois kilomètres au nord de Brunoy, sur la route départementale n. 33, au milieu des bois de Lagrange, se trouve le joli château de Lagrange-du-Milieu, commune d'Yères, bâti dans de gracieuses et solides proportions, comme bâtissaient nos pères pour traverser les siècles.

On voit encore sur les grilles de ce château les armes, et dans les galeries, le buste du maréchal de Saxe.

Lui aussi, a fourni des matériaux à l'histoire, pour que son nom traverse les siècles, bien longtemps après que son château de Lagrange aura disparu.

On connaît la vie du comte de Saxe, maréchal général des camps et armées du roi, duc de Courlande et de Sémigalle : je n'en dirai que ce qui a trait au choix qu'il fit de la France pour son pays d'adoption, et du château de Lagrange pour sa demeure favorite.

Fils naturel de Frédéric-Auguste, roi de Pologne, il fit ses premières armes contre la France sous les ordres du prince Eugène et de milord duc de Marlborough ; il contribua à la prise de Lille, en montant le premier à l'assaut sur la brèche avec un courage qui fit l'admiration des Français assiégés : il avait alors douze ans.

De très-bonne heure il fut porté vers les aventures galantes, elles eurent sur sa vie une influence énorme; seules, elles l'amenèrent dans les rangs de l'armée française.

« *Tout le monde sait que ç'a été le seigneur le plus galant de son siècle,* » dit l'auteur naïf de son histoire, imprimée à Mittaw en 1752.

Immédiatement après le siége de Lille, il enlevait de Tournay une jeune fille âgée de douze ans comme lui, nommée Rosette, et la conduisait en Saxe.

Quelques années après, le père de cette jeune fille, ayant découvert sa retraite, parvint à la soustraire à l'amour du comte de Saxe, qui, quelques recherches qu'il fît, quelque peine qu'il se donnât, ne put jamais la retrouver ni savoir même ce qu'elle était devenue.

Ce premier chagrin commença à le dégoûter du séjour de son pays et à lui faire prendre, par la vivacité de ses regrets, la France en affection.

Vers 1720, il épousa la comtesse de Loben ; jeune, jolie, riche, cette noble dame ne put jamais captiver le cœur de son époux, qui, épris des charmes d'une jeune Silésienne, vint en France cacher au milieu des bois de Lagrange, l'objet pour lequel il fuyait une femme digne d'être aimée, les faveurs du roi son père et les splendeurs d'une cour.

Tel fut le motif qui détermina le comte de Saxe à provoquer son divorce, à se fixer en France, et enfin à se faire présenter au duc d'Orléans, alors régent, pour solliciter de l'emploi dans les armées françaises.

Sans les charmes de la jeune Silésienne, mystérieuse idole, digne sans doute d'être adorée comme le dieu des druides dans l'ombre et le silence des forêts, sans les attrayants ombrages des bois de Lagrange, qui sait si le comte de Saxe, ennemi de la France à Lille et à Malplaquet, n'en eût pas été le fléau et le destructeur ; comme il en est devenu le sauveur et le héros à Fontenoy, à Raucoux, à Lawfelt ?

Le comte de Saxe laissait bien des regrets derrière lui ; la jeune et belle duchesse douairière de Courlande, Anne Iwanovna, nièce de Pierre le Grand, n'avait pas su se défendre d'un tendre attachement pour le volage fugitif ; espérant par un immense bienfait, l'attacher à elle et l'amener à une union qu'elle désirait ardemment, elle profita de sa haute influence sur la noblesse de ses Etats, pour le faire nommer, le 28 mai 1726, duc de Courlande.

L'ambition fit ce que l'amour n'avait pu faire. Maurice de Saxe accourut près de la duchesse douairière, prêta l'oreille à ses projets de mariage, accepta même un logement dans son palais ; ce fut ce qui le perdit.

Cet appartement était séparé de celui de la princesse, par une vaste cour; les demoiselles de la suite étaient logées dans un rez-de-chaussée, à côté de leur maîtresse; le comte de Saxe en aimait une passionnément et en était aimé; mais il était impossible qu'ils se vissent dans l'appartement de la demoiselle, à cause du voisinage des autres. Ils convinrent que quelquefois le comte viendrait la prendre par sa croisée et la conduirait chez lui.

Ce manége avait réussi déjà depuis longtemps, lorsqu'une nuit que la cour était couverte de neige, il avait placé sur ses épaules son charmant fardeau, afin d'éviter à de mignons et jolis petits pieds un contact glacé, il rencontra inopinément dans cet équipage, une vieille femme qui fut tellement effrayée, qu'elle se mit à crier comme une orfraie.

Le comte ayant voulu éteindre d'un coup de pied la lanterne que portait cette vieille, l'autre pied lui manqua, il tomba avec son élégant cavalier sur la bonne femme, qui, se croyant obsédée par un fantôme à deux têtes, bizarre mélange de l'homme et de la femme, redoubla ses hurlements.

Des gardiens étant survenus, les acteurs de cette scène nocturne furent reconnus, et dès le réveil de la princesse, d'officieux confidents, croyant lui faire plaisir, vinrent lui raconter tous ces détails.

Grande fut sa colère, elle rompit violemment avec le comte de Saxe, entraîna la noblesse courlandaise à revenir sur son élection, appela des troupes pour appuyer la nouvelle décision des états.

Maurice de Saxe, après avoir comme Charles XII à Bender, soutenu un siége, à la tête de quelques domestiques, dans sa propre maison, dans laquelle fut prise, par parenthèse, une jeune et jolie bourgeoise de Mittaw qui, toute honteuse, cherchait à se cacher sous des habits d'homme, fut obligé de céder; il revint définitivement en France, qu'il adopta pour ne plus la quitter.

La princesse Iwanovna, peu de temps après, fut appelée par sa naissance au trône de Russie, que le comte eût partagé avec elle sans la chute hippique dont nous venons de rendre compte.

Amena-t-il en France sa courageuse amazone, tombée de si haut pour avoir fait trébucher un maréchal de France? L'histoire n'en dit rien, elle eût certes brillé plus tard à l'hippodrome.

La carrière du maréchal de Saxe ne fut plus dès lors qu'une suite d'éminents services rendus à la France, de faits d'armes et de victoires. Il traversa rapidement avec gloire tous les grades de l'armée, et fut enfin nommé maréchal général de France.

Soult seul a depuis obtenu cette haute distinction. Le château de Chambord était la demeure princière du comte de Saxe ; Lagrange était sa petite maison des bois ; madame Favart, l'une des beautés de l'époque, fit longtemps les honneurs de ce dernier château, sans pouvoir fixer la tendresse du maréchal. Plus d'une jolie villageoise des environs a pu se croire la rivale des plus hautes dames, telles que mademoiselle Lecouvreur, la duchesse de Bouillon, et tant d'autres.

On sait que la première, la meilleure actrice de son temps, mourut, dit-on, empoisonnée par la seconde, son altière rivale.

Je remplirais tout un volume si je voulais rapporter toutes les aventures et anecdotes dont le maréchal fut le héros, je ne m'en permettrai plus que quelques-unes.

Un jour, étant au lit, le duc de... vint le voir et entra familièrement dans sa chambre, parce qu'on lui avait dit qu'il souffrait violemment d'un accès de goutte.

Le duc, après les compliments ordinaires, s'assied et entre en conversation ; mais bientôt, remarquant que les rideaux étaient fermés soigneusement, les couvertures relevées et le maréchal un peu embarrassé, il soupçonne qu'il n'est pas seul, et il n'en peut plus douter lorsqu'il aperçoit sous le lit un soulier de femme. « Je vois avec plaisir, lui dit-il alors, que vous n'êtes pas dans l'état où l'on m'avait dit que vous étiez. — Je suis, répondit le maréchal, prodigieusement tourmenté dans les pieds. — Pardieu ! je n'en suis point surpris, puisque vous vous servez de chaussures trop étroites. — Vous avez raison, je me pourvoirai d'une autre paire (1). »

Plus d'un enfant plébéien de notre vallée a porté le prénom de Maurice, qu'un tendre souvenir lui avait attribué; plus d'un de nos vignerons, sans le savoir, pourrait revendiquer les honneurs d'un sang royal.

Le maréchal de Saxe était d'une force herculéenne ; madame Campan, dans ses Mémoires, dit qu'il luttait avec avantage, pour la force du poignet, contre M. de Landsmath, le gentilhomme de la cour de Louis XV qui passait pour le plus vigoureux.

Un jour que le roi chassait à Saint-Germain, ce même Landsmath, courant à cheval devant S. M., voulut faire ranger un tombereau, chargé de la vase d'un étang qu'on venait de curer ; le charretier l'ayant insulté, Landsmath, sans descendre de cheval, le saisit par son sarrau, le soulève, et après l'avoir balancé à bras tendu dans l'espace, il le lance dans la vase du tombereau.

Ce fut encore ce même Landsmath, qui, après l'attentat de Damiens, venant voir le roi sur son lit de souffrance, trouvant autour de lui la Dauphine et Mesdames tout en larmes, s'écria avec son langage familier et militaire qui plaisait à Louis XV : « Faites-moi sortir toutes ces pleureuses, elles ne vous font que

(1) Paris et Versailles, t. I, p. 145.

du mal ! » Puis, quand elles furent sorties, prenant le vase de nuit, il lui dit : « Toussez, crachez et pissez ; » le roi ayant fait d'une manière convenable ces trois fonctions, « Ce n'est rien, dit Landsmath, dans quatre jours nous forcerons un cerf. »

Un jour que le comte de Saxe s'était vu forcer d'entrer chez un maréchal ferrant pour renouveler la ferrure de son cheval, il prit un fer de la plus forte dimension, et, le pressant dans ses doigts, il le brisa sans effort : « Choisis mieux dit-il, au forgeron ébahi, tu le vois, celui-ci a une paille. »

Quand vint le moment du payement, le comte ayant remis un écu de six livres au maréchal, ce dernier d'un air narquois, pressant la pièce entre le pouce et l'index, la brisa et dit : « Je crois monseigneur, qu'elle a une paille. »

Le comte de Saxe, tirant alors un louis de sa poche, le lui jeta en disant : Je le crois sans paille, mais en tout cas, n'y regarde pas, les louis ressoudés n'ont pas cours; puis, remontant à cheval, il piqua des deux en grommelant : « Cet homme est plus fort que moi. »

Le maréchal de Saxe était luthérien, s'il fut inconstant près des belles, il fut toujours fidèle à sa foi.

Un jour que le cardinal de Tencin était venu le visiter à Lagrange, après la paix d'Aix-la-Chapelle, ce prélat voulut, tout en le complimentant sur sa glorieuse campagne, l'engager à se faire catholique.

« M. le maréchal, lui dit-il, il ne vous manque plus qu'une seule victoire.

— Et quelle est donc cette victoire? reprit le maréchal.

— C'est de combattre et de vaincre Luther!

— Laissez-moi donc respirer, monseigneur, la paix est encore trop récente pour me parler sitôt de combats et de victoire. »

Ce fut la sœur du cardinal de Tencin dont je viens de parler, madame la comtesse de Grolée, qui, ayant mené une vie fort dissipée, voulant à l'occasion d'une grave maladie qui vint la frapper à l'âge de 87 ans, mettre ordre à sa conscience, fit venir son confesseur, et lui dit pour toute confession : « Mon père, j'ai été « jeune, j'ai été jolie, on me l'a dit, je l'ai cru ; jugez « du reste » (1).

Le maréchal mourut à Chambord le 30 novembre 1750.

Par une singulière bizarrerie, son testament, déposé à M⁰ Fortier, notaire à Paris, le 3 décembre 1750, contient la disposition suivante :

« Quant à mon corps, je désire qu'il soit enseveli « dans la chaux vive, si cela se peut, afin qu'il ne reste « bientôt plus rien de moi dans le monde, que ma « mémoire parmi mes amis. »

(1) Paris et Versailles, t. I, p. 145.

Il aurait pu ajouter et parmi mes amies.

Malgré cette clause, le roi ordonna que son corps fût embaumé (1). Il fut inhumé à Strasbourg, dans un magnifique mausolée, dû au ciseau de Pigale.

Par ce même testament, il lègue 20,000 livres à un sieur Rousseau de Villeneuve-Saint-Georges.

Des descendants de ce Rousseau existent encore à Montgeron et à Brunoy.

J'ai dit que le maréchal était luthérien ; on cite à ce sujet un mot heureux prononcé à l'occasion de sa mort par le curé de sa paroisse, j'aime à croire que ce fut celui d'Yères : *Il est bien fâcheux*, disait le curé, *qu'on ne pût pas chanter un* De profundis, *pour celui qui avait fait chanter tant de* Te Deum.

Le château de Lagrange appartient à madame de Villeplaine, veuve d'un riche financier du temps de la restauration.

C'est une des belles propriétés entre les plus riches habitations des environs de Paris.

En face des grilles du château se tient, de temps immémorial, le lundi de la Pentecôte, une fête champêtre qui attire un concours immense de promeneurs et de marchands.

(1) On montre encore, à Chambord, la table de marbre sur laquelle se fit l'opération de l'embaumement.

CHAPITRE XXII.

EPINAY. — LES TROIS GÉNÉRATIONS DES BERRYER.

La maison de M. Cordier, à Épinay, a longtemps appartenu à Berryer père, avocat de premier ordre au commencement de ce siècle.

Sa cause la plus célèbre fut la défense du maréchal Ney; malgré les efforts du plus brillant talent, il ne put sauver la tête du grand capitaine ; la branche aînée des Bourbons croyait ne pouvoir cimenter solidement sa restauration, qu'en l'arrosant du sang de l'un des plus nobles enfants de la France ; les armées étrangères voulaient d'ailleurs abattre le lion blessé.

Le père de Berryer avait été successivement, sous Louis XV, lieutenant de police, ministre de la marine, puis garde des sceaux, et s'était montré, dans ces diverses fonctions, homme de mérite et de talent.

Pendant qu'il était lieutenant de police, en 1755, il arriva un fait qui mit sa vie en danger et causa une de ces émeutes qui de nos jours tourneraient en barricades et en révolutions, elles auraient au moins un motif, en apparence légitime et plausible.

Le gouvernement voulant arrêter la mendicité et en même temps peupler nos colonies, qui manquaient de bras, fit faire ce qu'en Angleterre on appelle une presse, c'est-à-dire ramasser par la police tous les vagabonds et les enfants qu'on rencontrait errants dans Paris, pour les envoyer à la Louisiane.

Cette mesure causa une vive rumeur dans le peuple; on répandit le bruit que les enfants qu'on enlevait ainsi étaient secrètement égorgés, pour faire des bains de sang au Dauphin, tombé, disait-on, dans une espèce de paralysie.

Un attroupement menaçant se forma devant l'hôtel de la police, alors situé rue Saint-Honoré, près Saint-Roch; un exempt fut massacré, et Berryer n'eut que le temps de s'évader pour sauver sa vie; sa femme confiante dans le privilége de son sexe, se présenta courageusement au peuple et lui imposa par sa fermeté.

Heureux temps, où une femme faisait pour l'ordre ce que des milliers de baïonnettes ne peuvent faire de nos jours.

Maintenant que l'histoire nous a ouvert ses lugubres feuillets, maintenant que l'échafaud a vu rouler la noble tête de Louis XVI, n'est-on pas frappé de cette fatalité qui, le prenant au berceau, l'entourait, innocente victime prédestinée au malheur, de calomnies sanguinaires, qui, jeune prince le conduisait à l'autel nuptial sur les cadavres fatalement écrasés de ses futurs sujets; et roi, lui demandait la dernière goutte de son sang pour former avec celui de ses plus fidèles serviteurs cet immense torrent révolutionnaire qui engloutissait son trône.

Epinay, après avoir été le rendez-vous des hommes les plus distingués du temps du directoire et de l'empire, passa des mains de Berryer père, dans celles de son fils, qui entraîné dans le tourbillon des affaires du barreau et de la politique, y vint bien rarement.

Nous ne dirons rien de Berryer fils, la France entière le connaît, c'est-à-dire que, pour le talent, il a suivi la trace de ses aïeux.

La famille de Berryer est à la politique et à l'art oratoire ce que la famille des Vernet (Joseph, Carle et Horace) est à la peinture, une trinité de talent et de gloire, que trois générations successives offrent bien rarement.

CHAPITRE XXIII.

BUSSY-SAINT-ANTOINE. — TRONÇON DUCOUDRAY. — LE DUC D'AUMONT.

Bussy-Saint-Antoine, appelé vulgairement Boussy-Saint-Antoine, non par corruption du mot, mais par suite de la prononciation latine, tire son premier nom du sieur de Bussy, chevalier et conseiller du roi, qui, vers l'an 1380, fit bâtir un château, sur l'emplacement de la maison occupée, en 1825, par le duc d'Aumont, et actuellement par MM. Languillier.

Ce fut ce même Bussy qui donna son nom à l'une des portes de Paris, qui, antérieurement, s'appelait la porte Saint-Germain, puis après lui, porte des Anglais.

C'est en effet par cette porte que, l'an 1418, vers la fin du mois de mai, à deux heures du matin, les Bourguignons et les Anglais confédérés contre le roi de France Charles VI, entrèrent dans Paris par suite de la trahison de Jean Leclerc qui l'avait laissée ouverte, et avec sept ou huit cents chevaux firent un grand carnage, comme décrit Belleforest, tome II de ses Grandes Annales, livre v, chap. 78.

Cette même porte, après l'expulsion des Anglais, qui eut lieu en 1436, le 27 février, ou au mois d'avril, suivant du Tillet, fut murée et interdite comme notée d'infamie, puis réouverte et démurée, par ordre de François Ier, en l'an 1542.

Le peuple fit une statue de pierre semblable audit Jean Leclerc, laquelle, dit le chroniqueur qui nous fournit ces lignes, par note de perpétuelle ignominie, fut posée au bout du pont Saint-Michel, contre la maison angulaire des rues de la Harpe et de Bussy, où elle se voit encore (MDCXXXIX), excepté le visage qui est tout effacé de coups de pierres, de fange et autres ordures qu'on a jetées contre, en détestation dudit Leclerc.

En 1350, le sieur de Bussy avait fait réparer cette porte, il la tenait à bail des religieux de Saint-Antoine et profitait des loyers et produits des étaux de bouchers et autres boutiques qui y étaient adossées, et était chargé d'entretenir les tours et tourelles qui en étaient voisines. Les religieux de Saint-Antoine la tenaient d'une charte de Philippe-Auguste, aux charges ci-dessus, en la troisième année de son règne.

Ces relations d'intérêt entre les religieux de Saint-Antoine, seigneurs du village de Saint-Antoine, et le sieur de Bussy, furent sans doute la cause déterminante du choix que fit ce dernier de la vallée d'Yères pour sa résidence d'été, de là aussi le double nom de Bussy-Saint-Antoine, qui est resté à ce village.

Le célèbre avocat Tronçon-Ducoudray eut aussi sa maison de campagne à Bussy-Saint-Antoine. Le voisinage de M. Cazeaux, propriétaire à Mandres, l'avait sans doute attiré près de son client : il doit être si doux de vivre dans l'intimité de celui qui vous doit la vie et l'honneur.

La première cause que Tronçon-Ducoudray défendit au barreau, fut en effet celle d'un sieur Cazeaux, accusé d'avoir, avec la comtesse de Solar, devenue depuis sa femme, supprimé l'état d'un jeune sourd et muet, trouvé sur la route de Péronne en 1773, protégé par le duc de Penthièvre et présenté par son instituteur comme le seul et unique rejeton de l'illustre et opulente famille de Solar.

Cet instituteur était le vénérable abbé de l'Epée, supérieur et fondateur de l'institution des sourds et muets ; la profonde conviction de l'accusateur, l'immense estime dont il jouissait, des indices graves, de fatales présomptions, tout tendait à accabler l'accusé ; une dure prison préventive avait abattu ses forces et son courage. Tronçon-Ducoudray, avec une rare énergie, sut du fond du cachot du malheureux Cazeaux, faire resplendir son innocence pure et lavée de l'apparence même du doute et du soupçon.

Les deux mémoires qu'il publia à cette occasion, sont

palpitants du plus pathétique intérêt et de la logique la plus sévère.

La maison qu'habitait M. Cazeaux, à Mandres, était précisément en face de l'église, comme s'il eût voulu, en se rapprochant de l'autel, chercher dans la religion des consolations pour les tortures que l'un des plus nobles prêtres de cette religion lui avait involontairement fait subir.

Tronçon-Ducoudray, issu d'une famille pauvre, cadet de dix enfants, était destiné à l'état ecclésiastique; il reconnut bientôt qu'il manquait de vocation, il se fit commerçant, eut un procès, le plaida lui-même avec un tel succès, qu'il vint à Paris et dirigea ses études vers la carrière de l'avocat.

Il se distingua tout d'abord, par une verve inimitable d'esprit et de gaieté.

Dans un procès entre mesdames Sainval et Vestris, actrices du Théâtre-Français, comme dans un mémoire qu'il publia pour le barreau de Nogent-le-Rotrou, contre un savetier de cette ville, qui prétendait se faire admettre dans l'ordre des avocats, on peut dire qu'il fit rire la France entière.

Quand, en 1792, Paris et cette même France étaient courbés sous le couteau d'une minorité ivre de fureur, Tronçon-Ducoudray, avec le plus noble courage, s'élança dans l'arène des modernes sacrificateurs, grands prêtres de la terreur.

Au refus de Target (1), Tronçon crut devoir écrire au président de la convention, pour solliciter l'honneur de défendre le roi. Sa lettre n'ayant pas été communiquée à la convention, le 16 décembre 1792, il reproduisit son offre dans tous les journaux.

Ses services n'ayant pu être acceptés par Louis XVI, il se dévoua à la défense des malheureux traduits au tribunal révolutionnaire; il le fit avec persévérance, avec une dignité froide et un courage impassible.

Il jouait sa vie, mais il sauva celle d'un grand nombre de victimes dévouées à la hache révolutionnaire.

Il défendit Marie-Antoinette, avec Chauveau-Lagarde, et fut moins heureux, malgré les plus nobles efforts. Cette malheureuse princesse avait voulu, en choisissant Tronçon-Ducoudray, lui donner la récompense la plus digne dont elle pût disposer, pour l'offre généreuse qu'il avait faite au roi.

Au 18 fructidor, Tronçon-Ducoudray accusé de royalisme fut déporté à Sinnamary, il laissait en France deux enfants en bas âge, une jeune épouse objet de toutes les affections de son cœur, ses regrets furent son arrêt de mort; à peine arrivé au lieu de son exil, il mourut dans les bras du vénérable Barbé-Mar-

---

(1) Je sais que le fils de Target a récemment décliné la vérité de ce refus; mais M de Lamartine, à qui la réclamation s'adressait, ayant maintenu, dans ses *Girondins*, son affirmation historique, je ne puis que l'imiter.

bois, lui confiant ses derniers conseils pour ses enfants, ses derniers regrets, son dernier adieu pour sa femme.

J'ai parlé du duc d'Aumont, j'y reviens, j'aime à citer les noms célèbres par leur fidélité et leur courage.

L'aïeul du dernier duc d'Aumont, que nous avons connu intendant des menus plaisirs du roi, Jean d'Aumont, naquit en 1522.

Maréchal de France à la mort de Henri III, il fut un des premiers à reconnaître Henri IV.

Il se trouva à la journée d'Arques, en 1589; l'année suivante, il se distingua tellement à celle d'Ivry, que Henri, l'invitant à souper, lui dit : « Il est juste « que vous soyez du festin, après m'avoir si bien servi « à mes noces.' »

Toujours fidèle, il avait vu six rois se succéder, et s'était trouvé à toutes les batailles de ces six règnes.

Comme Crillon, il avait refusé noblement la mission d'assassiner le duc de Guise à Blois, il donnait à Henri III le conseil de le faire décapiter en place de Grève.

CHAPITRE XXIV.

JARCY OU GERCY. — MESDAMES DE LUSIGNAN.

> Quod vidimus testamus.
> (Saint Jean) *Apocalypse.*

Ce hameau, situé dans le fond de l'une des vallées les plus solitaires et les plus sombres de l'Yères, entre Bussy, Quincy et Varennes, se compose presque exclusivement des anciennes dépendances de la riche abbaye de Gercy.

Le révérend père du Breuil, qui écrivait en 1639, s'exprime ainsi sur cette abbaye :

« Elle fut fondée par M. Alphonse, frère du roy
« sainct Louys, comte de Thoulouse et de Poitiers, et
« par madame Jeanne, sa femme, laquelle fondation
« a été confirmée par le roy Philippes, troisième du
« nom, fils de sainct Louys, par ses lettres données à
« Saint-Germain-en-Laye, l'an 1272, au mois de feb-
« vrier.

« Ce monastère est honoré des sainctes et prétieuses

« reliques de monsieur sainct Barthélemy, apostre,
« sçavoir du bras droit d'iceluy, lequel, avec la main,
« s'y voit encore sain et entier en chair et en os, sans
« être défiguré ni contrefaict, ce que j'estime être la
« plus belle pièce et le bonheur de cette abbaye ; par
« ce subject, il se fait en ladite une fort grande feste
« dudit apostre, et s'y tient tous les ans une fort belle
« foire où plusieurs gens de la Brie et d'ailleurs vien-
« nent de toutes parts. »

Il cite plusieurs tombes remarquables que possédait l'abbaye de Gercy, entre autres :

Celle de la fondatrice de l'abbaye, qui se trouvait au milieu du chœur, et sur laquelle était l'inscription suivante :

† Cy gist le corps de haute et puissante dame, madame Jeanne, comtesse de Thoulouse et de Poitiers, épouse de haut et très-puissant prince, monseigneur Alphonse, frère du bon roy sainct Louys, fondateur de céans, laquelle dame décéda l'an 1270, le jour de l'Assomption de Notre-Dame.

Celles des dames Oda de Gercy et Ameline, première et deuxième abbesses dudit Gercy, ainsi qu'il résulte des inscriptions suivantes qui s'y trouvent, savoir :

Sur l'une,

Hic jacet omni moda virtute nitens, soror Oda de Gercy, prima genitrix et pastor optima anno millesimo ducento nonageno quarto Vincentis transit (1294).

Et sur l'autre,

> L'an mil trois cent et quatre,
> Me vint la mort, du tout abattre.
> Lendemain de Saint-Michel archange,
> Fut mise en ce lieu étrange,
> Ameline-Julie appelée,
> Des premières nones voilées,
> Seconde abbesse de Gercy,
> O roy Jésus demande mercy.

Auprès du grand autel, du côté des séculiers, était enclavé dans le mur à gauche, la pierre tumulaire d'un chevalier armé de pied en cap; cette pierre portait l'inscription suivante :

Cy gist monseigneur Artus, chevalier, sire de Pomeure et de Belle-Assise, qui trépassa l'an de grâce 1361, le vingt-sixième jour du mois de septembre. Priez pour lui.

« Ce seigneur, dit notre auteur, estait de la maison « de France, car l'escusson que l'on voit pendre à son « bras est couvert de fleurs de lys sans nombre, comme « on les portait anciennement. »

Sous ses pieds était une levrette, symbole de fidélité.

Enfin, derrière le maître-autel était une autre tombe sur laquelle on lisait :

Cy gist, noble et honorable personnage, Toussaint Barrin, dit de Vincelles, conseiller du Roy, et aumosnier du Roy et de la Royne, et semblablement chanoine de la Sainte-Chapelle du Palais à Paris, abbé des abbayes de Saint-Pierre et Saint-

Paul-de-Ferrières et de Saint-Lô, qui décéda le 2 mai l'an 1581, âgé de 75 ans.

Je n'ai parlé de ces tombes, dont l'existence est constatée aussi anciennement par le père du Breuil, que parce que je les ai toutes retrouvées au moulin de Gercy, où elles sont brutalement foulées aux pieds des paysans et des charretiers, fort peu curieux de la sœur du bon roi saint Louis, et du chevalier Artus de Belle-Assise, dont ils broient les nobles têtes et les antiques légendes sous les clous de leurs souliers ferrés.

La comtesse de Toulouse est placée à l'entrée de la chambre à farine; les dames Oda de Gercy et Ameline, ainsi que l'abbé de Vincelles, sont contre le mur de refend, sous les bluteries; le sire Artus gît au milieu de la salle des meules.

Est-ce le hasard, ou bien une idée bizarre de philosophie, qui, par un singulier rapprochement, a fait d'une usine destinée à nourrir les vivants, une sorte de charnier des morts?

L'église de Gercy était la plus richement dotée de toutes celles des environs, en objets d'art et notamment en tableaux de grands maîtres.

La révolution, comme une trombe, a tout dispersé, abbaye, nonnes, reliques, tombeaux et tableaux. Je possède une vierge de Léonard de Vinci qui ornait la cellule de la dernière abbesse de Gercy; je tiens beaucoup à cette vierge, mais n'en regrette pas moins le coup de vent révolutionnaire qui l'a jetée du saint lieu dans le cabinet du notaire.

Que de tristes confidences, que de misères humaines cette sainte madone, si longtemps habituée aux prières d'une fille du Seigneur, n'est-elle pas forcée d'entendre maintenant !

Parmi les tombes du moulin de Gercy, je ne dois pas omettre de citer celle de mesdames de Lusignan, qui se trouve contre l'une des meules de l'usine.

Cette tombe, d'un très-beau travail, est en marbre blanc incrusté de mosaïques en marbre noir :

Elle représente les traits de deux abbesses de Gercy, et porte l'inscription suivante :

« Ici reposent

« Madame Anne de Lusignan de Saint-Gelais, abbesse de ce lieu, décédée le 25 juin 1652, âgée de trente ans, et madame Françoise de Lusignan de Saint-Gelais, abbesse de ce lieu, décédée le 27 février 1661, âgée de soixante ans, priez pour leurs âmes. »

Ce n'est pas sans intention que j'ai reporté à la fin de ce chapitre ce que j'avais à dire sur cette tombe.

Elle m'avait frappé entre toutes les autres, parce qu'elle se rattache à une touchante histoire consignée dans un manuscrit, par moi, trouvé parmi les livres que j'avais acquis, lors de la vente de la bibliothèque de l'abbé Hervier de Quincy.

Je reproduis cette histoire ; ce n'est qu'un canevas sec et informe, écrit par un vieux prêtre, chacun peut y ajouter les broderies de son imagination.

ANNE DE LUSIGNAN.

Au commencement du règne de Louis XIV, vivait au château de Quincy une noble famille, qui comptait au nombre de ses aïeux, un des héros des croisades, un roi de Chypre et de Jérusalem.

Le chef de cette maison, le comte de Lusignan, s'était éloigné de la cour ; il avait vu sa faveur y décliner, par l'influence de la reine mère, qui n'avait pu oublier que le comte, entraîné dans le parti des princes par une affection toute personnelle pour eux et surtout par haine contre Mazarin, avait été l'un de ses plus dangereux adversaires.

Madame de Lusignan, l'un de ces anges de bonté et de tendresse que la Providence fait descendre du ciel sur la terre, comme un gage de bonheur, comme une digue au malheur, pour tout ce qui les entoure, l'une de ces femmes qui sont toujours jeunes parce que chaque année, elles abdiquent une prétention, parce que chaque jour, leur noble cœur s'enrichit de tendresse et d'affection, madame de Lusignan prodiguait les inépuisables ressources de son âme, pour faire oublier à sa fille la triste monotonie du séjour imposé à la famille ;

et à son époux, sa disgrâce, les déceptions de la fortune et la modestie de la vie que forcément il menait, non loin d'une cour jeune et brillante qui, par son faste et son éclat, commençait dès lors à éblouir l'Europe.

Mademoiselle Anne de Lusignan, à l'époque dont nous parlons, avait atteint sa quinzième année; elle était belle comme l'avait été sa mère, elle possédait déjà tous les charmes de grâce et de bonté que depuis sa naissance madame de Lusignan thésaurisait pour elle.

Une légère tache aurait pu, cependant, s'apercevoir sur ce pur diamant.

La lecture de quelques romans, permise par la comtesse, pour charmer la longueur des soirées, avait surexcité l'imagination de mademoiselle de Lusignan, faussé en partie son jugement, et laissé sur ce fond si candide et si blanc une teinte romanesque. Ce devait être, pour la vie de cette tendre fleur, le point noir qui, sur un ciel d'azur, annonce à l'œil exercé les orages et les tempêtes.

Depuis plusieurs années, la plus douce intimité s'était établie entre madame de Lusignan et madame de Bregy, veuve du baron de Bregy, tué à côté de Turenne, lors de la levée du siége d'Arras.

Cette dame, retirée non loin de Quincy, dans une terre appelée le fief de Tigery, que lui avait laissée son mari, s'était dévouée à l'éducation de son fils unique,

Gaston de Bregy; elle avait noblement rempli sa tâche de mère, elle avait fait de Gaston un gentilhomme au cœur noble, simple et fier, un fils bon et dévoué. La vie agreste qu'elle lui avait imposée, avait donné comme enveloppe à son âme de feu, un corps de fer.

Un homme bizarre avait surtout contribué à développer ces dernières qualités, chez le jeune baron.

Le hasard avait rapproché ces deux êtres que la nature avait placés si loin l'un de l'autre : le premier, sur les bords d'une forêt, pour y vivre en braconnier, comme ses pères, du gibier du seigneur; le second, sous les lambris dorés d'un château, comme l'ennemi né du premier.

Au jour de la naissance de Gaston, Pléau, après une course effrénée, au-dessus des forces humaines pour tout autre que pour lui, avait été assez heureux pour ramener à temps la matrone qui devait aider la délivrance jugée très-dangereuse de la jeune mère; une minute de plus, l'enfant était étouffé. Le jeune baron devait la vie à Pléau.

Aussi devint-il l'objet de la plus vive affection du braconnier.

Pléau était de taille moyenne, jeune encore, sec, maigre et nerveux; son teint était brûlé par le soleil; son œil vif et brillant respirait la bonté, lorsque quelque passion violente ne l'injectait pas des feux de la colère, des sombres éclairs de la fureur. Les larges aspirations de sa poitrine velue, respiraient la force et l'énergie; sa figure indiquait une finesse sauvage, quelquefois une expansive gaieté.

L'épiderme de Pléau eût fait honte au cuir le mieux tanné d'un buffle de Buenos-Ayres ; jamais en chasse, quoique le plus souvent nu comme un sauvage, il ne se détournait d'un hallier fourré d'épines et de ronces. Un sanglier eût reculé, Pléau passait droit.

Son instinct pour la chasse avait reculé les bornes de l'intelligence humaine. Il connaissait intimement tous les cerfs, les chevreuils et les loups de la forêt de Sénart.

Il savait l'époque de la gestation de chaque femelle, le lieu où sa portée était déposée, le champ où chaque pièce allait au gagnage.

Il eût fait un admirable piqueur ; il possédait tous les termes de l'art, tous les usages du veneur, toutes les ruses du gibier. On n'avait pas couru, depuis dix ans, une seule fois dans la forêt de Sénart, sans que Pléau eût été là, tapi dans les buissons, prêt à couper les chiens, à rompre les brisées, s'il voulait sauver la bête attaquée et dépister un chasseur ennemi ; ou bien, devançant la meute, excitant, relevant ses défauts, s'il s'agissait d'une chasse amie.

Son fusil, dans ses mains, était l'arme du destin ; l'heure de l'objet visé avait fatalement sonné.

Une parole donnée était pour lui sacrée ; il regardait un bienfait comme un lien encore plus sacré. Les menaces et les voies de coercition eussent au contraire, infailliblement amené le ravage des propriétés et la mort du dernier lièvre du propriétaire qui y eût eu recours.

Pléau n'aimait pas cependant à détruire ; il eût rougi de vendre une pièce de gibier, à moins qu'il n'eût à satisfaire un impérieux besoin : bien plus, il aimait à conserver. Jamais sa joie n'était plus vive que lorsque son fusil ou ses piéges avaient mis à ses pieds les dépouilles d'un renard, d'un blaireau ou d'un loup. Le palais d'un gourmet eût été délecté de la saveur qu'il savait donner à la chair sauvage de ces animaux destructeurs.

Pléau était dans la misère. Le bateau d'un Chinois, la hutte d'un Samoïède, eussent paru des palais comparés à sa tanière. Les poils bruns et pressés de sa peau, passant à travers les nombreuses ouvertures de ses rares vêtements, ne faisaient qu'un seul et même tissu avec les fourrures des chats sauvages et des sangliers qui en avaient fourni l'étoffe.

Quand Pléau rentrait sans avoir tiré un coup de fusil, il remettait au lendemain l'appétit de la veille.

Et cependant Pléau était heureux, l'indépendance lui suffisait : la naissance de Gaston la lui fit abdiquer ; elle fut pour le braconnier toute une révolution. Il avait trouvé quelqu'un qu'il pût aimer. Le service qu'il lui avait rendu au début de sa vie, était le lien d'une indissoluble affection : son cœur avait rencontré son idole.

Aux premiers jours de l'enfance du baron, Pléau recueillait pour un mois de plaisir et de joie, quand il pouvait obtenir de l'une des suivantes attachées au château, la permission de prendre dans ses bras celui qu'il appelait son maître : alors on eût pu voir sa figure de bronze s'animer et s'attendrir, une larme s'échapper de ses yeux,

Plus tard, le premier nid d'émerillon, de tiercelet ou de faucon, le premier marcassin né dans la forêt, le premier louveteau conquis souvent au péril des jours de Pléau, étaient soigneusement apportés pour les plaisirs de l'enfant ; il lui eût sacrifié de grand cœur le dernier chevreuil de Sénart.

Il accepta et plaça sur son cœur la première pièce de monnaie que le jeune baron, fidèle aux traditions de bienfaisance de sa mère, lui offrit ; jamais il n'en voulut accepter d'autre.

Plus tard encore, il se plut à l'initier à tous les talents du chasseur ; il dirigea son premier coup de fusil, et, longtemps avant que madame de Bregy eût pu soupçonner que son fils s'occupât de chasse, ce dernier était devenu un habile tireur, un infatigable marcheur, un adroit et rusé piégeur.

Pléau devint bientôt le confident des impressions de l'adolescence du jeune baron, de sa douce intimité avec la belle Anne de Lusignan, de leur naissant amour, des rêves de bonheur qu'ils formaient, des serments de constance qu'il avait obtenus, de l'accueil bienveillant et de la tacite autorisation qu'il avait reçus de madame de Lusignan.

Le jour, dans les haltes de leurs chasses ; le soir, en attendant la sortie du gibier, Pléau, qui n'avait jamais aimé que son chien et son fusil, s'attendrissait aux récits brûlants de Gaston, l'écoutait avec la patience d'une mère, dévorait ses paroles ; on eût pu croire qu'il aimait mademoiselle de Lusignan à l'égal de son maître, souvent il oublia l'heure d'un affût.

Lorsque le baron se rendait au château de Quincy, Pléau le suivait de loin, se couchait dans quelque fossé, attendait son retour, à quelque heure de la nuit qu'il eût lieu. Celui qui eût voulu porter à la sûreté personnelle de son maître la plus légère atteinte, eût été dévoré par Pléau.

Quelques années se passèrent ainsi pour Gaston dans l'enivrement de son jeune amour et pour le braconnier, dans les cordiales jouissances de son affection ; elles furent pour tous deux, les plus heureuses de leur vie.

Le devoir, qui n'appesantit sa tyrannie que sur les nobles cœurs, vint bientôt mettre un terme à ce bonheur.

La guerre contre l'Espagne venait de se rallumer

dans les Flandres; toute la noblesse se dirigeait vers le théâtre des opérations. Turenne commandait les armées de Louis XIV. Le père de Gaston, quelques années avant, en mourant à côté de son général et de son ami, lui avait légué son fils. Turenne venait de rappeler à la mère désolée les volontés de son époux; son fils était gentilhomme, il fallait obéir.

De quelles tristes angoisses ne fut point marqué le jour du départ! C'était une première, ce pouvait être une dernière séparation. Vingt fois les bras de la tendre mère voulurent retenir le fils, vingt fois l'un et l'autre se serrèrent dans une étreinte convulsive.

Le dernier regret de Gaston ne devait cependant pas être pour madame de Bregy, et ce ne fut pas sans un serrement de cœur que les yeux baignés de larmes de cette dernière le virent se diriger vers le château de Quincy.

Là, les adieux ne furent pas moins tristes. La plus tendre affection, les plus saintes promesses de fidélité y présidèrent; un long et chaste baiser sanctifié par la présence et le regard d'une mère, scella les fiançailles d'une union que le retour devait conclure.

Gaston emportait de doux souvenirs, d'enivrantes espérances, pour charmer l'absence, et cependant de tristes pressentiments traversaient son esprit, tout faisait frissonner son cœur. Le sifflement rauque des grilles du château de Quincy se refermant sur lui avait glacé son âme, il marchait triste et morne, laissant flotter la bride sur le cou de son cheval, et s'abandonnant à ses tristes pensées, lorsque Pléau lui apparut au détour d'une haie, et le tira de sa profonde rêverie. Pléau, le fusil sur l'épaule, son bissac au dos, suivi de son fidèle Cani, semblable plutôt à un Huron qu'à un soldat de Sa Majesté, Pléau déterminé à suivre son jeune maître à l'armée, prêt du fond du cœur à se faire tuer pour lui, prêt surtout à le venger, si un seul cheveu tombait de sa tête.

Nous n'avons encore rien dit de Cani; à lui seul il mériterait un chapitre tout entier; donnons-lui quelques lignes.

Cani était le compagnon, l'ami, l'ombre de Pléau.

Ce n'était pas un chien courant, encore moins un chien d'arrêt; ce n'était point un basset, une fouine ou un renard : c'était un heureux mélange de ces différentes espèces.

Par sa passion pour la chasse, par son poil rude et inculte, surtout par l'incomparable finesse du plus incomplet de ses sens, il ressemblait à Pléau, comme un chien peut ressembler à un homme.

Seulement, nous devons le dire avec toute vérité, il était plus braconnier que son maître. Cani, pour les jours d'apparat, les jours de chasse permise, se mêlait à la meute, il en tenait la tête; son gosier était sonore, sa voix couvrait, écrasait celle des hurleurs les plus accentués. Les jours de contrebande, au contraire, ses bronches se resserraient, on ne l'entendait plus souffler; il chassait *mezzovoce, pianissimo con sordini.* Pléau seul pouvait distinguer, dans la profondeur de la forêt, son fausset rare et bref.

Cani aimait son maître, comme Pléau aimait le sien.

Quoi qu'il en soit de Cani, il fallut toute l'autorité de Gaston sur Pléau, il fallut surtout que de sa voix la plus douce, il invoquât son amitié et le chargeât de veiller sur sa mère et sur Quincy, pour le déterminer à retourner tristement vers sa hutte, la seule chose qu'il regrettait au village; encore le braconnier suivit-il machinalement son maître de loin, pendant plus de cinq lieues, pour retarder le moment où il devait ne plus le voir.

Deux années s'écoulèrent pendant lesquelles la pauvre mère délaissée n'eut pas un jour, pas une heure, sans penser à son fils, sans espérer le moment du retour. Deux années pendant lesquelles les propriétés du jeune baron eussent pu se passer de gardes: Pléau et Cani, non-seulement s'abstinrent d'en distraire une seule pièce de gibier, mais quiconque se fût permis d'attenter au moindre de ses lapins eût encouru toute leur animadversion. Deux années, enfin, que Pléau employa presque exclusivement à rôder autour des châteaux de Quincy et de Tigery, pour veiller au dépôt qui lui avait été confié et pour recueillir des nouvelles de son élève.

Elles étaient toutes favorables, notre brave gentilhomme avait dignement soutenu l'honneur de son nom; il s'était distingué au premier rang à la bataille des Dunes; il n'avait acheté par aucune blessure, tout en prodiguant le plus bouillant courage, la satisfaction et les éloges de son général.

Le mariage de Louis XIV avec l'infante d'Espagne, et la paix de Fontarabie, qui en fut la suite, ramenèrent bientôt le baron près de sa mère, et pourquoi ne pas le dire? près de Pléau, dont il savait apprécier la naïve affection.

Rien n'était changé dans ces deux cœurs; mais il ne trouva plus que glace dans celui d'Anne de Lusignan; il ne fut accueilli qu'avec un évident embarras, et la plus froide réserve par la famille entière.

Il sortit du château, l'âme bouleversée; le cri de la grille rouillée, qui naguère avait causé ses tristes pressentiments, lui parut cette fois le sinistre sifflement des Euménides, le rire méphistophélique d'une puissance infernale emportant avec un effroyable grincement le bonheur de sa vie.

Il apprit bientôt de sa mère les tristes détails de son malheur. Madame de Bregy s'était récemment aperçue des visites fréquentes du jeune marquis de

C...., fils d'un maréchal de France, jouissant de toute la faveur du roi.

Le hasard avait présidé à cette liaison; peu de temps avant le retour de Gaston, la chasse royale s'étant dirigée dans la vallée d'Yères, le cerf à bout de forces, était venu faire tête, dans la pièce d'eau qui se trouvait dans les prairies au-dessous des croisées du château de Quincy. En un instant, le parc avait été envahi par les équipages et la suite du roi.

La chasse touchait aux dernières péripéties de l'hallali; le marquis de C.... venait de recevoir du roi l'ordre et l'honneur de porter le dernier coup au cerf. Déjà il avait traversé avec grâce et résolution la pièce d'eau dont les flots baignaient sa ceinture; il approchait du but et cherchait de l'œil la place où, suivant les règles de la vénerie, il devait frapper et abattre d'un seul coup la bête aux abois, lorsqu'un cri se fait entendre, et détourne le fer et l'attention générale : une femme, mademoiselle Anne de Lusignan, belle d'émotion et de fraîcheur, a demandé grâce et pitié. Immédiatement le marquis de C.... avait reçu de Sa Majesté la flatteuse mission de faire délivrer le cerf de la fureur des chiens et de l'offrir à sa libératrice, ce que ce jeune seigneur avait exécuté avec la politesse la plus exquise et dans les termes les plus galants.

Cette scène fortuite et brillante comme une féerie, avait produit sur mademoiselle de Lusignan une vive impression. Cette cour resplendissante qu'elle n'avait jamais vue, la haute faveur dont le marquis de C.... paraissait y jouir, l'aisance, la distinction de ses manières, le charme de ses paroles, tout avait porté au souvenir de Gaston un rude coup, tout avait excité dans l'âme romanesque de son amie d'enfance, un fatal enivrement.

Le marquis de C...., frappé de la beauté de mademoiselle de Lusignan, était revenu fréquemment au château de Quincy; d'abord sans aucuns projets de mariage, peut-être même avec quelque arrière-pensée d'une séduction.

Il avait trouvé dans les principes sévères de la famille, une barrière infranchissable, et force lui avait été d'en venir à des propositions formelles d'union, qui furent accueillies, par le père comme le gage d'un retour vers la faveur du roi, dont son futur gendre paraissait disposer ; par la mère comme acte de condescendance et d'obéissance aux désirs d'un époux qu'elle n'avait jamais osé contrarier ; et par la fille, sans doute, avec quelques regrets et de naissants remords, qu'effrayée de la légèreté de sa conduite, elle n'avait, selon toute apparence, pas osé confier à sa mère.

On avait pu juger de ses sentiments secrets par la tristesse dont on voyait les traces sur ses traits.

Le jour du mariage était fixé.

Madame de Bregy avait cessé ses relations avec son

ancienne amie; blessée dans son amour maternel, elle s'apprêtait à prodiguer à son fils toutes les consolations que contenait son cœur.

Pléau, de son côté, les poings fermés, la figure crispée par la colère, raconta à son maître, que depuis qu'il s'était aperçu de l'objet des visites à Quincy, du marquis de C., une haine instinctive s'était emparée de lui; aussi toutes les fois que ce seigneur, avait voulu chasser dans les environs, la bête avait été coupée et détournée, ses meilleurs chiens avaient été ou estropiés ou éventrés dans les fourrés; ses chevaux s'étaient abattus sur des pierrées défoncées, ou dans des fossés recouverts de branchages et de mousses, souvent il l'avait suivi de l'œil le long du canon de son fusil, le doigt roidi sur la détente, mais retenu par la crainte de déplaire au baron. Pléau ne demandait qu'un signe, et il affirmait qu'il saurait bien empêcher le mariage.

Le lendemain, avant le jour, Gaston avait quitté, pour n'y plus revenir, le château de ses pères, laissant à Pléau, qu'il chargeait de ne la remettre que trois jours après, la lettre que voici :

« Ma mère, pourquoi suis-je revenu? pourquoi les balles ennemies m'ont-elles respecté? Huit années d'enivrement et d'espérances, les rêves de ma jeunesse, le bonheur de ma vie, le repos de ma mère, tout est venu se heurter et s'engloutir contre ces mots : Elle ne m'aime plus.

« J'ai dû fuir, je ne pouvais me venger. Par un crime ! vous eussiez rougi de votre fils; par un duel ! il eût été sans cause comme sans but; je ne puis faire de reproche à mon rival, je ne puis que le haïr.

« J'ai dû fuir, l'air qu'elle respire m'eût étouffé, je n'aurais pu revoir les lieux témoins de ses serments et de mes déceptions, ma raison m'eût abandonné.

« Je vais rejoindre mes frères d'armes; les Pontchartrain, les d'Yberville, les de Chépar, les d'Artaguette, ont déjà fait retentir de leurs noms et de leurs exploits les vastes solitudes de la Nouvelle-Orléans, du Canada et des Florides (1). Je vais unir mes efforts aux leurs, pour conquérir à la France un nouveau monde; quand vous recevrez ma lettre, déjà je serai irrévocablement embarqué à Dieppe, sur le navire *le Lys*, qui porte des secours à la nouvelle colonie.

« Ne craignez rien de mon désespoir, ma mère, toutes les forces de mon âme se sont tournées vers un but noble et utile; quand l'immensité des mers m'aura séparé pendant quelques années de celle que j'aimais, quand le froid du temps aura calmé mes passions, je reviendrai prendre la place que mon devoir et mon cœur m'assignent près de vous, je viendrai vous faire oublier les chagrins que je vous ai causés, et veiller par mes soins au bonheur, à la paix du déclin de votre

(1) Chateaubriand, *les Natchez*.

vie. C'est maintenant le seul plaisir qu'il me soit permis d'espérer.

« Si jamais vous la revoyez, qu'elle ignore mon sort, que rien n'empoisonne les joies de son hymen, je l'ai trop aimée pour ne pas pardonner. Soyez la gardienne fidèle du secret et de la dignité de mes regrets.

« Adieu !.... »

Le surlendemain du départ de Gaston, les familles de C..... et de Lusignan, accompagnées d'une nombreuse suite, sortaient du château de Quincy, se dirigeant vers la chapelle voisine et conduisant solennellement à l'autel les jeunes fiancés.

Anne de Lusignan, pâle comme une statue de marbre, le front brûlant, la démarche chancelante, se traînait avec peine, soutenue par sa mère; les remords avaient passé par là.

Arrivée au seuil de la chapelle, elle ne put le franchir, elle tomba évanouie, un instant on la crut morte, comme frappée de la foudre, force fut de la rapporter au château, où une fièvre ardente la conduisit en quelques heures aux portes du tombeau.

Pendant deux jours d'une mortelle angoisse, madame de Lusignan put croire à chaque instant toucher au moment fatal; elle put craindre que chaque aspiration de sa fille ne fût son dernier soupir; sa sollicitude et sa perspicacité maternelles purent enfin dans le chaos des vertiges fiévreux de la malade, soupçonner la cause de son mal; souvent elle maudissait le marquis de C....., le nom de Gaston revenait sans cesse sur ses lèvres ; elle l'appelait l'ami de son enfance, son époux, son soutien ; elle s'accusait de la plus noire ingratitude, elle invoquait le nom de Pléau, qui seul pouvait la sauver.

Pléau fut questionné; il avoua que, furieux du malheur de son maître et confident de ses desseins, il n'avait pu résister au désir de voir en secret mademoiselle de Lusignan; que la veille du mariage il avait pénétré furtivement jusque dans son appartement ; que venu pour lui faire, malgré le respect qu'il lui portait, de violents reproches, l'aspect de cette demoiselle, qui paraissait déjà frappée de la plus vive affliction, l'avait désarmé; que porteur de la lettre de Gaston à sa mère, mademoiselle de Lusignan en avait reconnu l'écriture, s'en était emparée et en avait dévoré le contenu; qu'à cette lecture un torrent de larmes s'était échappé de ses yeux.

« Tenez, madame la comtesse, ajoutait Pléau, votre fille nous a fait bien du mal! à cause d'elle je ne reverrai peut-être jamais mon maître, je l'ai bien maudite; mais ces larmes que j'ai vues me brûlent la poitrine, j'aimerais mieux y sentir les boutoirs de dix sangliers. »

A peine madame de Bregy eut-elle reçu la lettre de son fils et appris ce qui s'était passé au château de

Quincy, qu'elle chargea le plus zélé, le plus intelligent des domestiques de ses écuries, de courir à francétrier, nuit et jour, vers Dieppe, et d'y remettre à son fils une lettre dans laquelle, au nom de sa piété filiale et de son bonheur, elle l'adjurait de revenir.

Le domestique choisi ne devait négliger aucuns moyens, ne ménager ni l'or ni les chevaux pour atteindre plus rapidement son but.

Dieu, dans ses impénétrables desseins, avait décidé qu'il arriverait trop tard; le navire avait fait voile, Gaston n'était plus sur le sol français. Pléau était là sur la plage, la tête appuyée sur ses poings rugueux, les yeux humides fixés sur l'immense horizon; souvent, dans un accès de frénésie, il s'était élancé à la mer ; chaque fois, à bout de forces, l'instinct de la conservation l'avait ramené vers la rive, maudissant son impuissance, accusant sa lenteur, se reprochant le malheur de son maître.

Et cependant Pléau, sans argent, sans ressources, était arrivé six heures avant l'homme de confiance de la baronne.

Il s'était emparé du premier cheval dont l'écurie s'était trouvée sur son chemin, il l'avait soutenu avec le seul morceau de pain que contenait son bissac; puis, lorsque crevé de fatigue, le cheval avait roulé sous lui, il avait couru lui-même tant que ses forces le lui avaient permis; puis, après une conversation tout amicale qu'il avait entamée avec un jeune mousquetaire chevauchant dans la même direction, il en avait subitement fait un fantassin en le désarçonnant aussi mollement que possible ; puis enfin et successivement, il avait fait naître plusieurs occasions que la persuasion et la prière n'avaient pas toujours provoquées; bref, un grand seigneur ne fût pas arrivé plus vite. Pléau revint à sa forêt, on ne le vit plus au village, on eût pu penser qu'il était mort, si de loin en loin, un coup de fusil tiré au plus profond du bois n'avait fait soupçonner son existence. Cani partageait la tristesse de son maître, l'un et l'autre ne chassaient plus.

Au château de Quincy, l'espoir du retour de Gaston, sinon prochain, du moins probable, la rupture que M. de Lusignan avait, sur les vives instances de sa femme, signifiée au marquis de C... enfin, les tendres soins, les consolations d'une mère, avaient lentement ramené Anne de Lusignan à la vie. Madame de Bregy était revenue au foyer de la famille, et avait renoué ses douces relations d'amitié ; on parlait de son fils, l'avenir souriait à tous les cœurs et adoucissait les ennuis de l'absence.

Ce fut au milieu de ces préoccupations d'avenir et de ces espérances renaissantes pour les deux familles, qu'un coup affreux vint inopinément anéantir tous ces rêves de bonheur.

Madame de Bregy, par l'entremise du ministre Colbert, reçut de son fils la dernière et fatale lettre que nous transcrivons :

« Je confie aux abîmes de l'Océan mes derniers
« adieux, sera-t-il donné à la fragile enveloppe dans
« laquelle je dépose ces lignes, de toucher le port, ne
« le touchera-t-elle comme moi que pour s'y briser?

« Huit jours d'une affreuse tempête ont fracassé
« notre navire : sous sa carène mutilée, la mer, ses res-
« cifs, ses vagues monstrueuses ; sur nos têtes, les mêmes
« vagues, et la fureur incessante des vents ; derrière
« nous, un gouffre incommensurable ; devant nous,
« d'âpres falaises dont le sommet se perd dans les nues,
« tout précipite le moment fatal et défend l'espérance.

« L'équipage est en prières, et moi, je vous écris, parce
« que vous serez près de Dieu ma meilleure interprète.

« Je voudrais en vain, sur le seuil de la mort, qu'une
« autre pensée ne vînt pas se mêler à l'image de Dieu,
« au souvenir de ma mère ; mais, au moins, si cette
« dernière pensée est empreinte de regrets, elle est
« toute au pardon.

« Veillez sur le pauvre Pléau, oubliez votre fils. »

Le malheur appelle les catastrophes.

Madame de Bregy, le lendemain de la réception de cette lettre, mourait frappée d'une apoplexie foudroyante, sans avoir eu le temps d'assurer le sort de Pléau.

Des collatéraux s'emparèrent de ses biens.

M. de Lusignan, impliqué dans le procès de l'intendant des finances Fouquet, accusé d'avoir été désigné par ce dernier, pour commander Belle-Isle en mer, dans le but d'en faire une place de refuge et un centre d'insurrection contre l'autorité du roi, était incarcéré et mourait au fort de Pignerol, sans qu'on ait jamais su la nature ni la cause de sa mort.

On disait vaguement que le jeune marquis de C... n'avait pas été étranger à l'accusation capitale qui avait atteint M. de Lusignan.

Peu de temps après, mademoiselle de Lusignan entrait en religion au couvent de Gercy, où sa mère, libre de tout autre devoir, la suivait pour adoucir les chagrins et partager les saints travaux de sa fille.

La haute naissance de la sœur Anne, la constante pratique des plus hautes vertus, l'appelèrent, après quelques années, par acclamation générale, aux fonctions élevées d'abbesse.

Un dernier événement devait encore troubler cette vie, sinon heureuse, du moins paisible et résignée.

Le couvent de Gercy fut à l'improviste attaqué par une bande de brigands sortis de la forêt de Sénart : elle paraissait dirigée avec une autorité absolue par un homme aux manières distinguées, ayant plutôt l'apparence d'un gentilhomme que l'allure d'un malfaiteur.

Les religieuses, défendues par quelques vieux serviteurs et par les gens de la ferme abbatiale, qui se trouvait dans l'enceinte même du couvent, ne pouvaient opposer une longue résistance ; déjà même les murs étaient escaladés, l'asile sacré des sœurs menacé et bon nombre de leurs défenseurs mis hors de combat, lorsque inopinément, deux individus vinrent prendre part à la lutte et en changer la face.

Depuis quelques instants les assaillants avaient pu entendre, à de courts intervalles, les détonations d'une carabine, et voir chaque fois, un des leurs rouler dans la poussière.

L'un des nouveaux combattants, revêtu d'un costume d'ermite, relevé et serré autour de sa taille; l'autre couvert de peaux de bêtes sauvages; le premier, armé seulement d'un poignard, le second, brandissant d'une main un long fusil de chasse, et de l'autre un couteau catalan, s'élancèrent dans la mêlée avec l'impétuosité d'une trombe, et en peu d'instants il se fit autour d'eux un silence de mort. Les brigands étaient tous ou tués ou en fuite.

Cette délivrance du couvent fut achetée par un douloureux sacrifice : l'un de ses deux sauveurs, celui dont un capuchon d'ermite recouvrait la tête et cachait les traits, au dernier moment, reçut en pleine poitrine, un coup de feu qui l'étendit mourant contre les fossés du cloître. Son fidèle compagnon Pléau, car c'était lui, l'avait appuyé contre un arbre, et lui prodiguait les soins les plus tendres, lorsqu'un cri perçant se fit entendre; l'œil terne du mourant, pour un instant rouvert, put voir, au détour d'une allée, le chef des bandits enlevant Anne de Lusignan mourante de terreur.

Un signe avait suffi, Pléau avait ressaisi son fusil, sa balle avait frappé le ravisseur au milieu de la tête, effleurant seulement le haut de la coiffure de la sœur supérieure. Anne de Lusignan, après avoir reconnu dans celui que le plomb venait de frapper le jeune marquis de C...., conduite par Pléau près de son maître, sentit bientôt sa main convulsivement pressée dans celle de Gaston de Bregy, et recueillit avec angoisse son dernier soupir.

Depuis deux ans, miraculeusement sauvé du naufrage, il avait revu sa patrie; depuis deux ans, caché à l'ermitage de la forêt de Sénart, il avait volontairement fait le sacrifice de son nom, de sa fortune, pour éviter un regret à sa malheureuse amie, soumise à des liens indissolubles; depuis deux ans enfin, errant autour du cloître, il repaissait sa douleur de la vue fugitive de celle qu'il aimait; c'est dans une de ces excursions qu'il avait pu lui faire un dernier sacrifice, celui de sa vie.

Il fut inhumé sous la tour dont on voit encore les vestiges sur la route de Gercy.

Mademoiselle de Lusignan ne lui survécut que

peu de temps. Sa mère devint elle-même abbesse de Gercy, et fut enterrée quelques années après à côté de sa fille chérie, sous une même pierre tumulaire, celle dont nous avons parlé au commencement de ce chapitre, celle qui sert maintenant de dalle au moulin de Gercy.

Le malheur devait s'acharner sur ces deux femmes, même après leur mort : leur dernier désir avait été de reposer ensemble dans une même tombe, la révolution vint disperser leurs cendres et violer leur dernière prière.

Pléau, retourné à sa hutte, s'acharna avec une féroce préférence sur le gibier des collatéraux de son maître. Un jour que son vieux et fidèle Cani poursuivait de sa voix en sourdine, le dernier lapin du domaine, le garde l'étendit mort.

Pléau se fit sauter la cervelle, pour rejoindre Gaston et Cani, sans avoir un crime à se reprocher.

Sa main crispée s'était refroidie sur la menue pièce de monnaie qu'il tenait du baron.

Le domaine de Gercy, ainsi que le moulin, sont la propriété de Mme la comtesse de Moyria.

Le château de Tigery appartient à M. le comte de Biencourt.

A gauche de l'avenue de ce château, on voit encore les restes d'une chapelle bâtie par madame de Bregy, comme *ex voto*, pour le retour de son fils.

Sur l'un des arcs-boutants de cette chapelle, sont

sculptées dans la pierre, les armes des barons de Bregy, qui se composaient de deux tourelles, avec pont-levis et herse levés, comme symbole de l'hospitalité.

Cette chapelle sert maintenant de grange au fermier.

Partout nous avons substitué le matérialisme à la poésie de la religion, en sommes-nous plus heureux ?

CHAPITRE XXV.

COMTE D'ANTHOUARD. — BOIELDIEU.

Au hameau de Gercy, très-près de l'abbaye dont nous venons de parler, habitèrent longtemps deux hommes célèbres à différents titres.

L'un fut d'Anthouard, né à Verdun-sur-Meuse le 3 avril 1773, parti simple soldat canonnier, en 1789, mort récemment à Paris, pair de France, lieutenant général, comte d'empire, directeur général, autrement dit grand-maître de l'artillerie.

Compagnon de Napoléon Bonaparte à Toulon, en Italie, en Egypte, en Allemagne, en Russie ; il est peu de nos célèbres journées où il n'ait dirigé et fait gronder la grande voix des batailles modernes.

Bien peu d'hommes ont fait mourir plus de leurs semblables ; cependant, couvert du sang d'hécatombes humaines, d'Anthouard sut prouver qu'il avait le cœur généreux.

En 1816, président du conseil de guerre qui était

appelé à juger, et, suivant les désirs de la restauration, à condamner le noble Drouot, général en chef de l'artillerie de la garde impériale et ami de l'empereur, d'Anthouard eut le courage d'un acquittement, quelques jours après la condamnation de Ney par la chambre des pairs.

Le second fut Boïeldieu, l'inimitable compositeur, l'Orphée, l'Amphion français, celui qui a fait vibrer, par les plus suaves jouissances, le cœur de tout ce qui dans le monde entier aimait le gracieux et le beau.

Tous deux ont franchi le seuil du temple de la gloire, l'un par un chemin noblement jonché de cadavres, l'autre par une voie semée de fleurs et de plaisirs.

Lequel des deux a mérité la préférence, de l'homme des batailles, qui, par ses mille bouches de bronze, a versé sur les humains la terreur et la mort, et de celui qui par ses douces mélodies a su enivrer le globe des plus nobles plaisirs ?

Je fais la question, parce que j'ai entendu les deux voisins la discuter et ne pas la résoudre.

Les plus belles scènes de *la Dame blanche* ont été composées à Gercy.

Les sites de la vallée sauvage, en cet endroit, rappellent la pittoresque Écosse et la verte Erin.

CHAPITRE XXVI.

BERCY, CONFLANS, CHARENTON, ALFORT, MAISONS, IVRY-SUR-SEINE, VILLENEUVE-SAINT-GEORGES, QUINCY, COMBES-LA-VILLE.

Si je ne craignais l'ennui pour mes lecteurs, j'élargirais le rayon du cercle dans lequel je me suis circonscrit ; les matériaux, certes, ne me manqueraient pas. Je vais, laisser courir ma plume et faisant, en quelque sorte, assaut de vitesse avec la locomotive qui entraîne le convoi, décrire chacun des sites, devant lesquels il passe de Paris jusqu'à Sens, là je poserai mes colonnes d'Hercule.

J'aurai tout au moins placé des jalons, pour une main plus exercée.

BERCY.

Pâris de Montmartel, seigneur de Brunoy, a possédé le domaine de Bercy ; c'est presque une fraternité, aussi j'aime par-dessus tout, à voir ce château presque royal, cette terrasse du bord de l'eau, bâtie précisément par de Montmartel, ce parc naguère immense, bientôt exigu et mesquin, resserré qu'il est chaque année, par l'envahissement des échoppes, des barraques, des magasins que Paris vomit incessamment sur lui, pour l'engloutir un jour, lui, le brillant aristocrate, sous un flot plébéien, qu'on peut comparer au Vésuve poussant sa lave menaçante vers les palais de Naples.

Lenôtre, l'architecte du grand roi, a dessiné le parc de Bercy; Pâris de Montmartel l'a doté d'innombrables statues.

Le général du génie, Dodde de la Brunerie, l'a récemment coupé par les fossés, les remparts et les bastions de l'enceinte continue, comme pour défendre, plutôt le château de l'envahissement de Paris, que Paris de l'invasion ennemie.

L'ingénieur Jullien vient d'y tracer son chemin de fer de Lyon, jusque sous les croisées du château qui maintenant se trouve placé précisément dans l'angle droit, formé par le chemin et les fortifications, il est littéralement étouffé sous les bienfaits de la paix et par les préparatifs de la guerre.

La famille de Nicolaï possède maintenant Bercy.

CONFLANS.

Le nom de ce village vient par corruption du mot latin, *confluens :* — confluent de la Seine et de la Marne.

Monseigneur de Quelen, archevêque de Paris, racheta en 1824 le château de Conflans, que François de Harlay, l'un de ses prédécesseurs, y avait fait construire et où il était mort le 6 août 1695.

En février 1831, un soubresaut du peuple-roi, un de ces accès de fureur, dont l'histoire ne pourra bientôt plus compter le nombre, firent disparaître l'archevêché de Paris, la maison de plaisance de Conflans et le séminaire qui y était annexé. Les glaces, les meubles, les vins, tout fut pillé, brûlé ou jeté à l'eau; puis on écrivit sur un débris de la seule porte qui restât : *Mort aux voleurs*. Le lendemain certains journaux proclamèrent que le peuple avait été, dans cette circonstance, grand et magnanime.

Aimable dérision! agréable flatterie! admirable peuple qui, en une heure, bouleverse les améliorations de dix siècles, détruit de fond en comble toutes les existences, fait une chanson dans le genre du *Ça ira! En avant marchons! Mourir pour la patrie!* puis retourne paisiblement chez lui, où il trouve la misère plus âpre qu'avant !

CHARENTON-LE-PONT.

Ce village est fort ancien, la légende de saint Merry, écrite au septième siècle, dit qu'il y avait alors un pont de bois, que l'on supposait avoir existé du temps des Romains, on le nommait : *Pons Carantonis*.

Quoi qu'il en puisse être de son antiquité, ce pont est le point stratégique le plus important des environs de Paris, il s'y est livré autant de combats que l'ennemi s'est approché de fois de la capitale.

Il était défendu par une tour que Henri IV fit crouler par le canon, ainsi qu'il le dit dans une lettre manuscrite déposée à la bibliothèque de l'Arsenal.

Charenton a fait sa mairie et sa justice de paix de l'ancienne demeure de Gabrielle d'Estrées. Henri IV y venait souvent, le billet suivant en serait la preuve, s'il en était besoin :

« Comme ma lettre estoyt fermée, ça qu'elle me dyt
« que vous estyez passée pour aller à Charenton, si
« je me porte tant soyt peu bien, je ne prendrai point
« médecine demayn pour vous y voir.

« Je vous donne encores un mylyon de bésers. »

Les folies du bon roi doivent quelquefois faire doucement rêver le juge de Charenton, sous sa robe noire.

En parlant de folies, le Bedlam français est à Charenton, et puisque nous sommes sur un chemin de fer, cela rappelle que l'inventeur de la vapeur fut enfermé dans une maison de fous, à une époque où les Français se prétendaient déjà, et comme toujours, le peuple le plus civilisé du monde.

ALFORT.

Cet écart dépendant de Maisons n'est connu que par son école vétérinaire, fondée en 1766 par le célèbre Bourgelat qui avait déjà créé à Lyon la première école de ce genre.

En 1814, les élèves défendirent le pont de Charenton, plusieurs y périrent sur les pièces de canons qu'on leur avait confiées.

Cette même école vient d'être dissoute pour s'être trop activement mêlée aux événements socialistes du 13 juin.

Honneur aux élèves de 1814 !

MAISONS-ALFORT.

Diane de Poitiers, maîtresse de Henry II, y posséda une maison de campagne ; on voyait encore en 1720, des fleurs de lis sur une porte condamnée qui dépendait de cette maison.

Le bon, l'excellent Maximilien Robespierre, au moment de la Terreur, venait dans une gracieuse villa, s'y livrer aux pastorales jouissances de la villégiature; il y composa sans doute son philanthropique discours contre la peine de mort, il y amenait souvent la fille du menuisier Duplay, nouvelle Diane d'un nouveau Henry II; il y prodiguait les charmes de l'hospitalité à Danton, à Camille Desmoulins, aux sommités politiques de l'époque, ses amis de la veille, ses victimes du lendemain ; semblable en cela au tigre, qui n'est jamais plus prêt à vous dévorer, que lorsqu'il vous a léché.

Décidément je préfère les faiblesses d'un roi, aux fureurs d'un tribun.

IVRY-SUR-SEINE.

Son Altesse Royale madame la duchesse douairière d'Orléans, femme de Philippe Egalité, mère de Louis-Philippe, mourut à Ivry, au mois de juillet 1821, dans une maison de campagne de peu d'apparence, qu'elle y possédait dès avant la révolution et qui existe encore telle que cette princesse l'a laissée.

Madame Contat, la célèbre actrice du Théâtre-Français, avait elle-même à Ivry une habitation d'été.

Toutes deux ont traversé pendant leur vie, toutes les péripéties du drame, l'une au sérieux, l'autre en reine de théâtre.

La dernière est morte après avoir épousé Parny, le célèbre poëte.

VILLENEUVE-SAINT-GEORGES.

Anciennement appelé *Villa nova*, ce village, malgré son nom, est d'une haute antiquité, c'est maintenant un lieu d'étape pour la troupe. Il a déchu, car au treizième siècle, il devait gratuitement gîte et provende à chaque roi de France, à l'occasion de son avénement et pareilles redevances, toutes les fois que Sa Majesté allait en chasse à Senart.

Le 7 juillet 1589, le pays fut mis à sac par quelques ligueurs sortis de Paris, pillant, volant, brûlant, forçant les curés, l'espingole sur la gorge, à baptiser les pourceaux et les vaches (1), le tout au nom de la religion et pour la plus grande gloire de Dieu.

Au chap. XVIII, j'ai déjà raconté le beau fait d'armes de Turenne, qui força le duc de Lorraine d'abandonner le pont qu'il avait construit sur la Seine, pour faire jonction, contre la foi des traités, avec l'armée des princes et le contraignit à se retirer honteusement.

Ce pont était construit près de l'endroit où est maintenant la station du chemin de fer, non loin de la maison de M. Cottereau.

CROSNES.

C'est à Crosnes qu'est né Boileau, le 1er septembre 1636. C'est aussi à Crosnes que, dans l'enfance du poëte, un dindon qu'il avait battu, rouge de colère, se précipita sur lui, le renversa et par un malencontreux coup de bec, le réduisit à cet état négatif qui donnait anciennement des droits à figurer dans la chapelle des

(1) Historique.

papes et encore maintenant à surveiller le harem des sultans.

C'est à ce farouche dindon que les femmes ont dû tant de satires ; le malheureux Boileau ne pouvait évidemment plus, après son fatal accident, que tremper sa plume dans le fiel.

MONTGERON.

Montgeron était originairement de la paroisse de Vignieux qui existait au sixième siècle.

L'un des membres de la famille de Budé posséda, comme seigneur, le domaine de Montgeron.

Quelques-uns des Montmorency et des Brancas y eurent des villas.

Il existe une bulle d'Eugène III de l'an 1147, qui fait mention de Chalendray, hameau dépendant de Montgeron.

QUINCY.

En traversant la vallée, je passe sur Yères, Brunoy, Epinay, Boussy, dont je n'ai déjà que trop longuement parlé; je n'ai plus qu'à dire deux mots sur Quincy et Combes-la-Ville, qui forment les limites de la vallée d'Yères, dans Seine-et-Oise.

Quincy est bâti sur le bord du versant du coteau de la forêt de Senart, il est séparé de cette forêt par une plaine appelée le Champ Dolent; cette plaine est traversée par un chemin qui porte encore le nom du vieux Corbeil.

Je trouve dans Rouillard ce fait curieux que ce fut précisément en ce lieu, que se livra une sanglante bataille, gagnée par Camulogène, chef des Parisiens, Melunois et autres alliés, contre Labienus, lieutenant de Jules César et les légions romaines, et que le nom de Champ Dolent qu'on donne encore de nos jours à la plaine de Quincy lui est resté en souvenir des nombreuses victimes qui l'arrosèrent de leur sang.

A Quincy, je dois signaler un arbre, rejeton d'un autre déjà bien vieux, planté par Mesmer, le fervent adepte du magnétisme au dix-huitième siècle, chez l'abbé Hervier, son ami, chaud partisan lui-même du magnétisme.

M. Courtet possède cet arbre.

L'abbé Hervier devait sa fortune à madame la comtesse d'Aubonne, propriétaire du château de Quincy, dont il était devenu le voisin; jusqu'à la mort de cette dame, arrivée dans un âge fort avancé, il avait su la tenir sous le charme du magnétisme.

Il légua lui-même sa fortune à l'un de ses amis, qui complaisamment se prêtait à l'influence du fluide mesmérien.

Dans ces deux circonstances, la Fortune ordinairement si vive, si alerte, si capricieuse, fut, je ne dirai pas aveugle, mais littéralement endormie avant de se fixer.

COMBES-LA-VILLE.

Je ne vois à Combes-la-Ville que les jardins de M. de Papenheim, ambassadeur de Suède, son site sauvage, son pont du diable, et, au temps des chasses, ses nombreux et excellents perdreaux que j'ai quelquefois massacrés avec délices.

Ce dernier mérite serait pour moi tout-puissant, si j'avais à choisir une résidence.

CHAPITRE XXVII.

LIEUSAINT. — LESURQUE. — ERREUR JUDICIAIRE.

On a longtemps discuté sur le nom de ce village, le premier qui se trouve au sortir de la forêt de Senart en venant de Paris. Les antiquaires puristes du lieu ont longtemps soutenu que dans de vieilles chartes, dans de vieux parchemins, il portait le nom de Lieursaint; d'autres ont soutenu qu'il se nommait tout simplement Lieusaint. Parmi ces derniers, les uns prenaient le t, n'y rattachant qu'une question de sainteté; les autres n'en voulaient pas, n'y voyant qu'une question de salubrité. La dispute en était là et menaçait le pays d'une guerre civile, et peut-être des horreurs des Guelfes et des Gibelins, de la rose blanche et de la rose rouge, peut-être même d'une Saint-Barthélemy, lorsqu'un vénérable pasteur, desservant de la paroisse, trancha la difficulté en inscrivant sur le porche de son Eglise ces mots : *Locus sanctus* ; c'était résoudre la question à son point de vue, mais c'était aussi la solution la plus spirituelle qu'on pût lui donner.

C'est très-près de Lieusaint que le 27 avril 1796 (9 floréal an IV), sur la grande route de Lyon, se déroula le drame sanglant qui conduisit à l'échafaud Lesurque, de douloureuse mémoire, victime d'une de ces fatales erreurs judiciaires qui, malgré le faisceau de lumières, d'indépendance et d'honneur qui placent la magistrature française au premier rang, viennent, de temps à autre, prouver aux hommes que rien parmi eux ne peut être parfait.

Le courrier et le postillon de la malle de Lyon avaient été trouvés assassinés sur la grande route, leurs cadavres étaient littéralement hachés de coups de sabre et de poignard; la malle avait été pillée.

Cette nouvelle avait été reçue dans Paris avec la plus vive anxiété; on se demandait avec terreur, si la chouannerie, si les brigands et les chauffeurs que la révolution avait légués à cette époque, viendraient audacieusement planter leur drapeau jusqu'aux portes de Paris.

A Villeneuve-Saint-Georges, on avait vu passer cinq hommes à cheval, ils avaient dîné à Montgeron, chez la dame Evrard, aubergiste, et avaient pris le café et joué au billard chez la dame Châtelain; ils s'étaient arrêtés à Lieusaint, chez un sieur Champeaux, cabaretier. Ces cinq cavaliers étaient les assassins; leur signalement était connu de tous; pendant six heures ils s'étaient montrés ostensiblement au public, traînant leurs longs sabres, se livrant aux plaisirs et à la joie, parlant à tous. Une erreur d'identité ne paraissait pas possible, elle eut cependant lieu.

Un sieur Guesno, camarade d'enfance de Lesurque, homme honorable comme lui, fut impliqué dans cette affaire, il put prouver immédiatement son innocence; mais, pour le malheur irréparable de Lesurque, ce dernier crut devoir accompagner son ami chez le magistrat instructeur. Tous les témoins de l'affaire y étaient réunis; deux d'entre eux, les femmes Grosse-tête et Santon, de Montgeron, reconnaissent Lesurque, attestent son identité; d'autres témoins sont appelés, hésitent d'abord, puis affirment: Lesurque est arrêté et mis en jugement.

Une série de fatales présomptions vinrent alors l'accabler:

Une ressemblance frappante avec l'un des coupables;

Quelques conformités dans la mise et dans la taille;

La surcharge, dans une date, sur un livre de commerce, d'un joaillier du Palais-Royal;

La part prise par lui à un déjeuner auquel avait assisté l'un des coupables, qu'il ne connaissait pas.

Tout paralysa la preuve de son *alibi*. Tout tendit, au contraire, à démontrer de prétendues relations avec les assassins: il fut déclaré coupable, et condamné à mort.

Les autres condamnés, tout en avouant leur crime, protestèrent unanimement de son innocence ; quelques autres indices s'étant produits avant l'exécution, le directoire crut devoir adresser un message au conseil des Cinq-Cents ; un sursis fut ordonné, mais après un nouvel examen, ce conseil, entraîné par les mêmes présomptions, mu par un sentiment de respect pour les décisions du jury, confirma la sentence.

Le droit de grâce était à cette époque rayé de nos codes ; l'échafaud se dressa pour le malheureux père de famille ; il y monta revêtu d'une robe blanche, symbole de son innocence.

La terre s'était à peine refermée sur la tombe de Lesurque, que le véritable coupable fut mis sous la main de la justice ; il ne put être condamné pour ce fait, un sang pur avait lavé la tache de son crime.

Jules Janin nous a peint, avec un admirable talent, les dernières angoisses d'un condamné, ses couleurs eussent été encore plus poignantes et plus sombres s'il eût choisi pour sujet les derniers jours d'un innocent.

CHAPITRE XXVIII.

MELUN (MELODUNUM). — PRISON CENTRALE. — TRAVAIL LIBRE. — ASSISTANCE.

Je signale la ville de Melun comme l'une des plus anciennes de France, tous les savants sont d'accord sur ce point ; les huit vers qui suivent le prouvent, ils sont inscrits au blason de la cité :

> Melvn je svis : qvi evs à ma naissance
> Le nom d'Isis, comme des vievx on sçait.
> S'y, fvt Paris constrvict à ma semblance
> Mille et vn an, depvis qve je fvs faict,
> Dire me pvis, svr les villes de France,
> Pavvre de biens, riche de loyavté
> Qvi par la gverre, ay-ev mainte sovffrance
> Et par la faim, de maints rats ay tasté.

L'histoire de Melun est là :

Antiquité ;

Fidélité, loyauté ;

Courage ;

Misère et souffrance.

Tel est en général pour l'homme le résultat de

l'accomplissement de ses devoirs ; rarement il en recueille les fruits.

De très-anciennes traditions placent un temple d'Isis à Melun, et donnent à cette cité le nom de la ville d'Isis.

Dulaure frappe de son mépris cette tradition ; Constantin Mazeret, qui a écrit sur Melun, dit qu'il faut mettre cette opinion au nombre des rêves et des fables que l'ignorance et la vanité nationales sont toujours disposées à inventer ou à croire.

Je veux être plus convenable et plus poli pour les habitants de Melun, et je me plais à constater que Rouillard, avocat au parlement de Paris, natif de Melun, qui écrivait en 1628, admet cette prétendue fable comme vraie.

Que peut-elle avoir d'ailleurs de si invraisemblable? Tacite, et avant lui Strabon, n'ont-ils pas écrit et constaté que certains peuples d'entre les Germains (les Suéniens) sacrifiaient à la déesse Isis? Jean Lemaire qui vivait sous Louis XII, dit dans son *Illustration des Gaules*, qu'on voyait encore à Paris des vestiges de temple et de statues de cette déesse.

Le nom de Paris (en latin *Par-Isis*), suivant quelques chroniques, n'aurait été donné à Lutèce que parce que, fondée dans une île comme Melun, elle aurait été en cela pareille à cette dernière ville : *Par-Isis*.

L'idole d'Isis aurait même été longtemps conservée en l'église de Saint-Germain-des-Prés.

Suétone rapporte, au chapitre xii de la vie d'Othon, que cet empereur célébrait souvent les sacrifices et les mystères d'Isis.

Le nom du village d'Issy, près Paris, paraît venir de prêtres isiaques qui y auraient eu leur résidence ; ce fait paraît résulter d'une charte latine de Childebert II, roi chrétien, datant de 551.

Des milliers de bas-reliefs de nos vieux monuments constatent la vénération de nos pères pour les croyances religieuses égyptiennes.

Pourquoi donc, si l'Italie, la Germanie, le village d'Issy, et Paris lui-même, ont sacrifié à la déesse Isis, repousser si brutalement cette vieille croyance des savants de Melun? Eux au moins, mettent un amour-propre louable à ne pas ignorer les premiers éléments de l'histoire.

Une vieille habitude, que tous ceux qui habitent les environs de Melun, ont pu constater, vient corroborer la tradition que je discute.

Rien de plus ordinaire que d'entendre les habitants de nos campagnes, lorsqu'il veulent employer le terme du plus souverain mépris, employer les mots suivants : *C'est un jupécien, c'est une jupécienne.*

Jupécien est évidemment la corruption du mot égyptien.

On comprend que lorsque la religion chrétienne vint dominer dans les Gaules, les sectes anciennes et dissidentes durent tomber, comme toujours, dans le mépris des sectateurs de la religion prépondérante : c'est ainsi que les juifs n'ont pu encore se relever du mépris des chrétiens ; c'est également ainsi que le terme de de jupécien ou d'égyptien que je viens de rappeler, a passé de génération en génération, jusqu'à nous, comme l'expression de la haine et du dédain que nos pères prirent pour les initiés aux mystères d'Isis, après l'établissement du Christianisme.

Je respecte les traditions populaires bien constatées, l'homme qui veut scrupuleusement en sonder le fond et l'origine, presque toujours y trouve la vérité; il est plus facile, il est vrai, de taxer d'amour-propre vingt générations qui se sont succédé, que d'en analyser et scalper les croyances.

Que dirait donc Dulaure, si nous lui faisions humblement connaître, qu'Ammien Marcellin, historiographe de Julien l'Apostat, dit dans la vie de ce prince, qu'ayant accompagné son maître dans les Gaules, il avait trouvé, gravée sur de vieux monuments de Melun, la preuve que cette ville devait, comme plusieurs autres des environs, sa fondation à un parti de Troyens fuyant la poursuite des Grecs après la prise de Troie, et qu'il rapporte même plusieurs inscriptions textuelles ? Si j'étais de Melun, il me taxerait sans doute d'amour-propre.

Je renvoie mes lecteurs à Tite-Live et à leurs souvenirs de collége, pour tout ce qui a trait à l'expédition en Italie de Brennus, parti des environs de Sens, à la tête de ses braves Sénonais, au nombre et au premier rang desquels se trouvaient les peuples de Melun, ayant à leur tête Dumnorix.

Ils reliront avec enthousiasme les détails de la prise de Rome, le dévouement de Camille et toutes ces scènes grandioses de l'histoire ancienne qui, embellies par le prisme du passé, n'ont pas peu contribué à pousser vers les idées républicaines, les jeunes générations de notre époque.

Les fils viennent de prendre Rome comme avaient fait leurs pères, ils n'y ont trouvé ni Camille ni les oies du Capitole, il leur a fallu se mesurer contre Garibaldi et ses vautours.

Brennus rapporta d'Italie, comme conquête, les premiers plants de vigne dont les innombrables rejetons couvrent maintenant le tiers du sol français et en font la richesse ; que rapporteront nos soldats ?

Si je voulais faire de la science, je donnerais mille preuves que les peuples de la Gaule sénonaise, Sens et Melun, furent en tout temps les plus redoutables adversaires de la domination romaine; les Commentaires de César, Suétone, Tite-Live, sont remplis des témoignages les plus honorables pour leur courage et leur esprit d'indépendance.

La terreur que Vindex et ses Gaulois inspirèrent à Néron délivra le monde de ce monstre, qui crut n'avoir de ressource contre leur vengeance que dans le suicide.

Childeric, fils de Mérovée, assiégea dans Melun Gillon, patrice romain, gouverneur de la province, prit la ville, et passa au fil de l'épée la garnison romaine.

Sous le règne de Louis le Bègue, Melun fut témoin de l'un des premiers combats que nos pères appelèrent depuis le jugement de Dieu, je regrette de ne pouvoir rapporter le texte du naïf auteur qui le raconte. Le lecteur y eût gagné ; mais je veux abréger.

Geoffroy, comte de Gatinois, ressortissait, pour partie de ses domaines, du bailliage de Melun ; il laissa pour sa seule héritière, en mourant, une fille unique.

Louis le Bègue voulut la marier à son favori Ingelger, qu'à cette occasion il nomma sénéchal de son palais ; il en fit faire la proposition à la comtesse de Gatinois, qui refusa par le motif qu'Ingelger était né son vassal.

« Je laisse à penser aux dames de présent, dit notre auteur, si cela levr serait vn svffisant prétexte povr ne point espovser vn favori de roy.»

Louis le Bègue, connaissant ce refus, tourna la difficulté : il plaça la comtesse parmi les dames de la reine, afin qu'Ingelger pût chercher à lui plaire. Ses calculs se trouvèrent justes : à peu de temps de là, du consentement des seigneurs et feudataires du Gatinois, le mariage eut lieu avec une magnificence extraordinaire; mais un matin Ingelger fut trouvé mort dans son lit près de la comtesse, qui déclara ne s'être aperçue de rien.

« *Incontinent, la suspicion fut grande contre elle de
« vénéfice et mesmes d'adultère, comme en matière de
« femme ces deux crimes ne vont guère l'un sans l'autre.* »

L'accusation en fut portée au roi par Gontran, cousin du défunt, brave chevalier, l'un des plus exercés de son temps au maniement des armes; il jeta son gant en signe de défi devant toute la cour, où s'étaient réunis tous les seigneurs du Gatinois : la preuve du duel fut jugée nécessaire et ordonnée.

Personne ne se présenta pour relever le gant, et la comtesse allait être condamnée à la mort et conduite au supplice, lorsque, par inspiration divine, *survint vn jeune David pour combattre* Goliath : un jeune page de la comtesse, son filleul, âgé de seize ans et portant également le nom d'Ingelger, s'élance dans l'arène et se fait admettre comme champion de sa belle marraine, à la première passe brandissant sa lance il en *brocha si rudement Gontran qu'il le renversa de son cheval* et puis l'acheva de son poignard.

La comtesse, déclarée innocente, voulut se retirer dans un cloître; mais elle obtint avant, que le comté de Gatinois fût donné à son jeune filleul, de préférence à tous les hauts et puissants tenanciers qui avaient abandonné leur dame dans le danger; Ingelger fut en outre comblé de grâces et d'honneurs.

Le combat eut lieu à Melun, dans la plaine, maintenant garnie de maisons, qui se trouve entre le chemin de fer et la caserne de cavalerie.

En 888, Melun fut ravagé par les Normands, comme il l'avait déjà été en 854.

En 999, le roi Robert, fils de Hugues Capet, vint mettre le siége devant cette ville, que par félonie son gouverneur, nommé Gautier, avait livrée à Eudes, comte de Chartres.

« *La défense fut vigoureuse; la ville prise et ne res-* « *tant plus que le chasteau, duquel Eudes opiniâtra* « *la défense, comme d'un fort inaccessible, à cause* « *qu'il est de toutes parts circuy de la rivière.* » On multiplia les moyens d'attaque; quelques auteurs même prétendent que les sapes furent dirigées sous la rivière; ce que notre chroniqueur juge impossible, mais ce que l'existence actuelle du pont sous-marin de la Tamise pourrait nous rendre plus croyable.

Le château n'en tint pas moins ferme pendant quatre mois, à l'expiration desquels, le roi étant allé entendre la messe à Saint-Denis, on vint, au moment de l'*Ite missa est*, lui annoncer que les murs de la forteresse venaient de s'écrouler. On considéra ce fait comme un miracle.

Le père Odon, religieux de Saint-Maur, qui écrivait en 1058, raconte ce fait, et établit que le roi, pendant tout le siége, eut son camp placé sur le mont *qui penche sur la ville*; ce qui ne peut s'appliquer qu'au *mont Saint-Père*.

Le gouverneur du château fut pendu avec sa femme, tous deux comme traîtres et félons.

On voit par ce récit que le château de Melun était dans l'île. Des documents certains fixent sa place dans la partie occidentale de cette île.

On aurait pu croire que Melun, trois fois ravagé en si peu de temps, allait cesser de compter au nombre des villes. Il n'en fut rien, par suite de l'affection toute spéciale que lui porta toujours le roi Robert, qui y fixa sa résidence, reconstruisit toutes les églises démolies, y attira un grand concours de monde et y répandit d'immenses bienfaits. Il y mourut le 20 juillet 1031. Son corps fut de là porté à Saint-Denis.

Sa mort, si l'on en croit la chronique, précédée d'une grosse pluie de sang, fut annoncée par une comète, *et suivie d'une pestilente vermine de locustes qui gasta touts les fruits de l'année d'après*, et d'une grêle tellement grosse, qu'elle tua jusqu'aux bêtes des champs et des forêts. Enfin sa succession fut, comme on sait, l'occasion d'une guerre civile effroyable.

De tout cela il faut conclure que Robert s'était fait chérir des habitants de Melun, et que tous les malheurs publics et privés qui précédèrent et suivirent sa mort, furent par eux attribués à la perte qu'ils faisaient.

Melun fut la première victime de la guerre civile dont nous venons de parler. Henri, fils aîné de Robert, fut forcé d'en faire le siége contre Constance, sa mère, et son frère puîné Robert, qui s'en étaient emparés.

Louis le Jeune fit de Melun, sa résidence la plus habituelle. Ce fut cette circonstance qui décida Abailard à venir y fonder une académie, pour faire, comme il le dit lui-même, contre-carre, dans une ville royale, à messire Guillaume de Champeaux, professeur à l'Université de Paris.

On sait les malheurs d'Abailard, ses succès comme écolier, ses talents, comme théologien et philosophe, ses tendres amours avec la nièce du chanoine Fulbert, l'une de ses plus ferventes élèves. On sait aussi ce qu'il advint de leur intimité, en trop à la confiante Héloïse, puis en moins au déplorable Abailard, par suite de l'épouvantable vengeance de Fulbert; on connaît enfin les lettres brûlantes d'Abailard, la retraite d'Héloïse dans le couvent du Paraclet, et sa mort arrivée en 1163.

Abailard était mort vingt ans avant elle; sur sa demande, les restes mortels de son ami lui avaient été rendus; elle les avait placés dans le couvent qu'elle habitait et leur rendait, dit le chronologiste de Saint-Marion d'Auxerre, *beaucoup de devoirs funèbres témoings de leur ancienne et parfaite amitié.*

A l'article de Sens, je dirai les discussions théologiques survenues entre Abailard, les évêques de France et le pape, et sa fin chrétienne et résignée.

Philippe-Auguste, comme la plupart de ses prédécesseurs, tenait sa cour habituelle à Melun, en 1216, au mois de juillet, il y réunit la plus complète assemblée des seigneurs et des pairs de France qui eût eu lieu jusque-là. Il les constitua en cour de justice pour vider un procès survenu entre Gerard, comte de Brayne, et la comtesse Blanche et Thibaud, son fils, au sujet du comté de Champagne.

Pendant la captivité de Jehan de Melun, comte de Tancarville, fait prisonnier avec le roi Jean par les Anglais, à la bataille de Poitiers, en septembre 1356, le dauphin ayant quitté le château de Melun pour apaiser, par sa présence, une sédition qui s'était déclarée dans Paris, les Anglais et les Navarrais, sous la conduite d'un sieur de Mareuil, arrivèrent inopinément sous Melun, dont le château leur fut livré par la reine Blanche, sœur du roi de Navarre.

Les Anglais, installés en l'île et au château, occupèrent le quartier Saint-Ambroise; mais ils ne purent s'emparer du quartier Saint-Aspais, qui tint vigoureusement pour le roi.

Pour se venger, les Anglais ravagèrent, pillèrent et brûlèrent toutes les campagnes voisines.

Cet état de choses ne changea qu'à la paix de Brétigny, conclue le 8 mai 1360, et encore ce ne fut que sous Charles V que Du Guesclin put reprendre le château de Melun, encore occupé par Mareuil.

On raconte que ce vaillant chevalier, montant le premier à l'assaut, reçut une si lourde pierre sur son casque, que son échelle se rompit, et qu'il tomba la tête la première dans le fossé. Il s'y fût infailliblement noyé si Le Bègue de Vilaines ne s'en fût aperçu et n'eût crié à ses compagnons : *Enfants, courons là; sauvons ce chevalier, car voilà le plus vaillant homme du monde prêt à périr.*

En effet, Du Guesclin fut plusieurs heures à revenir de l'évanouissement que sa chute lui avait causé; mais, comme il n'avait pas reçu de graves blessures, son premier mouvement, aussitôt qu'il reprit connaissance, fut de courir à la brèche; et cette fois il réussit.

Le testament de Charles V est daté de Melun.

Charles VI, en allant se faire sacrer à Reims, passa par Melun.

Il y advint, à cette occasion, un fait que notre siècle, bouleversé par le conflit des ambitions personnelles, aura peine à comprendre; le voici :

La mort de Du Guesclin avait laissé vacante la place de connétable. Charles VI, à son passage à Melun, l'offrit à messire Louys de Sancerre, brave et noble chevalier bien digne de cet honneur. Il s'en excusa, et dit *que le feu Du Guesclin avait fait tant et de si haults exploits en cette charge qu'il s'en trouvait indigne.*

Sur son refus persévérant, le roi éleva à cette dignité Ollivier de Clisson, qui plus tard fut nommé à bon droit, le boucher des Anglais.

Au commencement de juin 1420, le roi d'Angleterre et le duc de Bourgogne vinrent faire le siége de Melun, défendu par le sire de Barbasan.

La ville ne se rendit que le 17 octobre suivant. Les défenseurs soutinrent toutes les attaques avec un courage digne d'un meilleur sort ; ils repoussèrent vingt assauts, supportèrent toutes les horreurs de la faim, et ne capitulèrent qu'après avoir perdu l'espoir d'être secourus par le dauphin, depuis Charles VII, auquel ils avaient envoyé des *gents chargés de lui dire la misère et souffrance en laquelle ils estoient, et, comme pour lui garder leur foi, ils avoient mangé chiens, chevaux, chats et rats.*

Le seigneur de Barbasan et cinq ou six cents hommes et gentilles femmes, ainsi que grande partie des plus notables bourgeois de la ville, furent conduits en otage à Paris, et enfermés au Châtelet, au Temple et à la Bastille, où un grand nombre d'entre eux moururent de faim ; par dérision on ne leur donnait à manger que du foin.

Le roi d'Angleterre fit décapiter bon nombre de seigneurs et de moines qui avaient pris une part active à la défense de Melun.

Les Anglais ayant repris la ville, les bourgeois secouèrent de nouveau le joug au commencement de 1430. — Ils profitèrent de ce qu'une partie de la garnison était sortie de Melun, dans le but de piller les environs, pour fermer les portes et faire le siége du château qui, après douze jours, fut obligé de se rendre au roi Charles VII.

En 1588, le duc de Guise, après la journée des barricades, voulut s'emparer de Melun; il somma Tristan Rostang, gouverneur de la place, de la lui rendre. *Je suis trop vieux pour trembler*, répondit le brave, *et je serais heureux de sacrifier le peu de jours qui me restent à ma patrie et à mon roi.*

Un an après, Rostang, n'étant pas secouru, fut obligé de capituler. Les ligueurs devinrent maîtres de Melun jusqu'à ce que Henri IV, le 11 avril 1590, après des prodiges de valeur, s'en rendît définitivement maître.

Plus que tous autres, les habitants de Melun eurent à souffrir des guerres de la Fronde. On doit attribuer le peu d'accroissement que cette malheureuse ville a pris, malgré son admirable position, aux malheurs dont elle a été constamment frappée. L'ère du bonheur et de la paix n'a daté pour elle que du jour où, vers 1740, on a démantelé son vieux château et ses fortifications. Jusque-là, comme clef principale de Paris, tous les partis se la sont disputée sur les ruines de ses monuments et dans le sang de sa population.

L'histoire en main, les habitants de Melun doivent se rattacher de cœur aux bienfaits de la paix et de l'ordre. Leurs pères ont payé un large tribut aux désastres des guerres civiles et des invasions étrangères.

Voici l'origine, d'après Vaysse de Villiers, du proverbe populaire de l'anguille de Melun, qui crie avant qu'on ne l'écorche.

On représentait à Melun le martyre de saint Barthélemy qui, suivant la légende, fut écorché vif; un nommé Languille, qui faisait le rôle du saint, fut attaché à une croix pour être en apparence écorché. A l'aspect de l'exécuteur armé d'un couteau, et paraissant se disposer à l'opérer, il ne put s'empêcher de prendre son rôle de patient au sérieux; et, dans un accès de terreur, il se mit à crier de toute la force de ses poumons. Exécuteur et spectateurs ne purent que rire de cette scène burlesque, et ce fut à cette occasion que furent prononcés ces mots, depuis proverbiaux : *Languille crie avant qu'on ne l'écorche.*

C'est sur l'emplacement du monastère des religieuses hospitalières de l'ordre de Saint-François que s'est élevée, dans l'île, la maison centrale de détention; 1800 détenus y sont renfermés, et trouvent dans le travail une régénération morale que le gouvernement provisoire leur avait enlevée en supprimant les ateliers.

Je viens de toucher là deux questions brûlantes de l'époque actuelle, celle de l'assistance publique, que les maisons hospitalières savaient si bien appliquer et celle du travail forcé, qui fait une concurrence si fatale au travail libre: pourquoi n'en pas dire deux mots? Cela vaudra bien peut-être la description matérielle de la prison de Melun, dont mes lecteurs se soucieraient peut-être peu.

L'assemblée législative s'occupe d'organiser l'assistance publique.

Frappera-t-elle une taxe sur les pauvres?

Etablira-t-elle des maisons de refuge et de travail ?

La taxe des pauvres est jugée; ses résultats sont connus en Angleterre : il n'est pas de peuple qui offre dans les classes inférieures plus de sale misère, de vices éhontés, de démoralisation plus brutale.

Ces lèpres de l'Angleterre frappent d'autant plus désagréablement les yeux, qu'elles gangrènent un corps social plus largement doté, au point de vue de la civilisation et de la richesse publique et privée.

Selon moi, elles sont le résultat immédiat de la taxe des pauvres, elle seule y propage et perpétue le hideux polype du paupérisme.

Maire d'une commune populeuse et riche, qui s'est volontairement imposé une taxe des pauvres, avec laquelle des administrateurs éclairés ne laissent jamais une misère sans secours, j'ai pu faire la remarque pratique, qu'avec une semblable institution, l'ouvrier perd bien vite l'amour du travail, l'instinct de la famille et le respect humain qui éloigne tout homme honnête de recourir à l'aumône.

En effet, pourquoi lui répugnerait-il de recevoir des

secours d'une administration publique, organisée spécialement pour lui venir en aide? Il rougirait de tendre la main isolément à son semblable, il n'éprouve aucune honte de prendre sa part des sacrifices collectifs que s'impose la communauté de ses concitoyens : ce n'est plus que l'acquit d'une dette contractée envers lui.

Pourquoi travaillerait-il? pourquoi s'imposerait-il des privations? son avenir est assuré.

Pourquoi, enfin, s'inquiéterait-il du sort de ses enfants, de son vieux père, pour lesquels les listes d'un bureau de bienfaisance sont toujours ouvertes?

Tendre la main à la pitié publique, était autrefois et est encore maintenant pour beaucoup une sorte de souillure pour laquelle chacun éprouve une répulsion instinctive. Sachons respecter cette honorable susceptibilité du pauvre.

L'organisation de la bienfaisance a encore les résultats que voici :

Elle éloigne le riche du malheureux.

Le premier ne donne au second que par intermédiaire.

Le pauvre devient l'ennemi du riche, parce qu'il ne voit plus en lui son bienfaiteur immédiat.

Le riche se laisse aller à un froid égoïsme, il a rempli sa tâche quand il a versé sa taxe.

Le pauvre, n'ayant plus aucun intérêt à mériter

l'estime publique, se laisse glisser sur la pente de l'ivrognerie, du désordre et de la débauche jusqu'à la porte du bureau de bienfaisance, qu'il a toujours considéré comme un port assuré.

L'ouverture de maisons de travail aurait-elle de meilleurs résultats?

L'expérience en est faite, le travail libre seul est fructueux.

Qui ne sait que les ateliers des maisons de correction, si utiles pour l'amélioration morale des prisonniers, ont cependant des résultats désastreux pour les travailleurs libres, par la concurrence sans limite qu'ils peuvent faire au moyen de la modicité des salaires?

Les ateliers de charité augmenteraient cette concurrence.

Ils centupleraient la masse des pauvres, le remède engendrerait le mal.

La société tournerait une nouvelle roue d'Ixion, chargée des plus hideuses misères; le tourbillon de cette roue entraînerait bientôt la société elle-même.

En résumé, la bienfaisance administrativement organisée, est partout un mal, la bienfaisance privée seule vivifie et celui qui donne et celui qui reçoit.

Ayons confiance en l'humanité de tous, jamais en France elle n'a fait défaut à la misère; les quelques exceptions qui se présentent, sont à l'instant frappées par l'opinion.

Si l'on veut un intermédiaire entre le riche et le pauvre, où pourrait-on en trouver un plus admirablement placé que la religion? Elle seule a le droit de demander à qui a besoin, compte de sa vie, de ses vices, de ses dérèglements; elle seule peut le ramener à une vie d'économie et de labeur; elle seule, enfin, peut inspirer à ses ministres le dévouement sans bornes, qu'il faut pour faire utilement le bien.

Sans innover, reposons-nous avec quiétude sur la loi qui frappe avec une profonde sagesse le mendiant et le vagabond, et laisse cependant une large place au bienfait qui s'adresse au véritable malheur.

Enfin ne compromettons pas pour de vaines théories le caractère national si beau, si généreux chez celui qui peut donner, et encore si fier chez celui qui est forcé de recevoir.

Laissons à la prison de Melun son caractère d'atelier moralisant, puisque la honte en garde l'entrée et empêche ses hôtes de se multiplier, mais ne proscrivons pas les maisons hospitalières religieuses, puisque la pitié les a sanctifiées pendant des siècles.

CHAPITRE XXXIX.

ABBAYE DU LYS.

Blanche de Castille, mère de saint Louis, fut la fondatrice de cette célèbre abbaye qui dépendait de Damemarie.

Alix de Bourgogne, dernière comtesse de Mâcon, lors de son veuvage, se retira dans ce couvent, où elle mourut en 1232.

Vers le seizième siècle, le couvent ne conserva pas toujours, toute la pureté des mœurs claustrales. On le nommait alors le séminaire des Enfants rouges; Catherine de la Trémouille en était abbesse; on raconte que Henri IV lui ayant demandé le nombre de ses religieuses et celui de leurs directeurs, il se trouva que le nombre des directeurs était moindre; le bon roi en fit quelques plaisanteries : « *Vous avez raison, Sire,* » dit ingénument l'abbesse; mais Votre Majesté ne songe pas qu'il faut bien quelques religieuses pour les survenants.»

Il est bien entendu que nous ne rapportons ce propos que pour ce qu'il vaut; seulement nous constatons qu'il a été inséré dans le journal de Henri III, et plus tard dans les *Singularités historiques*.

On cite un mot de Christine, reine de Suède, qui, visitant l'abbaye, fit cette singulière réflexion aux religieuses chargées de la recevoir : « Avec des vœux, pourquoi des grilles? et avec des grilles, pourquoi des vœux? »

Les bâtiments de cette abbaye sont convertis maintenant en une fort jolie maison de campagne, qui appartenait encore naguère à M. le comte de Latour-Maubourg, ex-pair de France.

CHAPITRE XXX.

FONTAINEBLEAU.

Comme ancienne résidence royale, Fontainebleau mériterait à lui seul un volume, il offrirait matière pour en faire dix; qu'on se rassure, telle n'est pas mon intention; je renvoie à l'ouvrage de Remard, intitulé *Guide du voyageur à Fontainebleau*, à Morin; *Histoire du Gâtinais*, à Dulaure, à Sauval, à madame de Villedieu; partout on trouvera la description du château, de ses peintures, de ses portiques, de ses jardins, les détails de sa fondation, qui paraît remonter à 1141 et des diverses et successives augmentations que nos rois y ont faites, le narré des événements célèbres qui s'y sont passés tels que la réception de Charles-Quint par François Ier en 1539, l'arrestation du maréchal de Biron le 13 juin 1602; l'hospitalité que reçut en 1644, Henriette d'Angleterre, femme de Charles Ier, mort sur l'échafaud; l'épouvantable meurtre du marquis de Monaldeschi, grand-écuyer de la reine Christine de

Suède, venue en France après son abdication et abusant de l'hospitalité qui lui était offerte pour ordonner froidement un crime que le roi de France lui-même ne se fût pas permis; la signature de la révocation de l'édit de Nantes par Louis XIV en 1685; la mort du Dauphin, fils de Louis XV; le mariage de Napoléon en 1810 avec Marie-Louise; la détention de Pie VII en 1812; l'abdication de l'empereur et surtout ses nobles et touchants adieux à sa garde, scène antique et grandiose qui, jusqu'à ce jour, n'a pas encore trouvé son Tacite, et que la peinture seule a su reproduire avec toute la noblesse qu'elle comporte.

Je n'aime pas les routes battues même dans un palais; Fontainebleau est d'ailleurs loin de la ligne du chemin de fer, et par conséquent hors de mon cadre, je ne citerai qu'un fait, par cela même qu'il est postérieur à tous les ouvrages que je viens d'énumérer.

Le mariage de Henri d'Orléans, fils de Louis-Philippe, fut célébré à Fontainebleau; la mort et l'exil devaient rompre en peu d'années ce pacte conclu au milieu des pompes de la royauté, entre la France, son futur roi, et cette noble princesse, qui, courageusement et inutilement, vint au jour de la tempête, présenter son fils à la tribune française, et réclamer ses droits.

Je ne sais si jamais ce tableau pourra faire dans l'histoire pendant à celui de Marie-Thérèse, remettant le sort de son fils aux mains de ses fidèles Hongrois, noble peuple !

Louis-Philippe a dépensé des sommes immenses à Fontainebleau, à Versailles, Saint-Cloud, Dreux, Pau, et dans tant d'autres châteaux ci-devant royaux; tous ont été laissés par lui, dans un état florissant d'entretien et de restauration; il a répondu ainsi noblement, aux accusations d'avarice qu'on s'est plu à déverser sur lui.

Il est descendu du trône, moins riche à 38,000,000 près, qu'il n'y était monté.

Que deviendront maintenant ces résidences royales, veuves délaissées, déshéritées de ce qui faisait leur splendeur ; on n'aime même plus à les visiter, de tristes souvenirs sont en faction à leurs grilles.

On pourra, comme aux Tuileries et à Versailles, y faire des expositions de tableaux, et substituer ainsi la fiction à la réalité. Les peuples ne vivent pas de fictions; Paris s'est suicidé.

CHAPITRE XXXI.

MONTEREAU-FAUT-YONNE.

Cette ville, située au confluent de la Seine et de l'Yonne, tire son nom précisément de ce que cette dernière rivière, en se mêlant à la Seine, y perd son individualité : Montereau, où l'Yonne faut, faillit ou fait défaut.

La preuve de cette étymologie se trouve dans le quatrain suivant, qui, gravé sur une pierre, fut longtemps en relief sur le pont de Montereau.

> L'an mil quatre cent dix-neuf,
> Sur un pont agencé de neuf,
> Fut meurtri Jean de Bourgogne
> A Montereau ou faut Yonne.

Le fait tristement historique auquel ce quatrain fait allusion est fort connu, les détails le sont moins.

A la suite d'une guerre acharnée entre le duc de Bourgogne, Jean-sans-Peur, le roi de France et le roi d'Angleterre d'un côté, et le Dauphin, fils du roi Charles VI, d'autre ; après toutes les calamnités qu'entraînent les guerres civiles, après les plus effroyables massacres, la paix fut enfin conclue le 14 mai 1419, et il fut convenu qu'une entrevue aurait lieu entre le Dauphin et Jean-sans-Peur, sur le pont de Montereau.

Le choix de ce lieu prouve combien les deux princesse défiaient l'un de l'autre ; en effet, le duc de Bourgogne, hésita jusqu'au dernier moment à se rendre à cette entrevue.

Il eut des pressentiments ; son cheval s'abattit en route, la belle comtesse de Gyac voulut le retenir, elle lui prédit son sort ; il eut honte de sa faiblesse, le nom qu'il portait (*Nom comme noblesse oblige*) ne contribua sans doute pas peu à le déterminer à pousser en avant.

A peu de distance du pont, il fut averti que des hommes d'armes remplissaient les maisons voisines ; il envoya pour s'en assurer, de Gyac son favori, le mari de la comtesse dont nous venons de parler, lequel, croyant avoir à se plaindre du prince, vint perfidement lui affirmer que, vérification faite, il n'y avait aucune crainte à avoir.

Dix seigneurs accompagnaient le Dauphin ; parmi eux se trouvait Tanneguy Duchâtel, ennemi personnel et acharné de Jean-sans-Peur ; dix autres seigneurs de la suite du duc de Bourgogne, étaient à ses côtés ; les premiers étaient armés de haches, d'épées, et portaient des cuirasses cachées sous leurs vêtements, les derniers n'avaient que leurs épées. Le duc s'aperçut de cette circonstance, et dit : *Messieurs, vous voyez comme je viens* ; puis, mettant un genou en terre, il dit au Dauphin qu'après Dieu il n'avait qu'à servir le roi et à lui obéir. Le Dauphin répondit : *Biau cousin vous dites si bien qu'on ne pourrait mieux; levez-vous et vous couvrez.* En ce moment quelqu'un vint l'interrompre et lui dire quelques mots à l'oreille; c'est alors que, sur un signe du Dauphin, Tanneguy Duchâtel porta au duc un coup de hache que les seigneurs de Noailles et de Vergy parvinrent à détourner ; mais un grand nombre de gens d'armes apostés, étant entrés, l'un d'eux, dont l'histoire n'indique pas le nom, lui déchargea sur la tête un coup d'épée tranchante qui lui fendit le crâne et lui coupa presque entièrement le poignet, qu'il levait pour se défendre.

Malgré cette double et profonde blessure, Jean-sans-Peur était encore debout, lorsque Tanneguy Duchâtel, d'un coup de hache, l'étendit aux pieds du Dauphin, où il fut achevé de trois coups d'épée par un seigneur appelé Gillet Bataille.

Le duc de Bourgogne avait bien des crimes à se reprocher ; il avait en 1418 ordonné les massacres de Paris, il avait fait assassiner Louis, duc d'Orléans, il avait été le principal promoteur des guerres civiles qui avaient couvert la France de sang et de deuil; mais sa mort fut un forfait outrageant toutes les lois divines et humaines, la jeunesse seule du Dauphin, qui n'avait que 17 ans, peut, sinon le lui faire pardonner, du moins lui servir de circonstance atténuante.

L'épée du duc de Bourgogne est encore appendue à la nef de l'église de Montereau.

Le fils de Jean-sans-Peur, Philippe, et le roi d'Angleterre, vinrent en juin 1420 mettre le siége devant Montereau; la ville ne put faire une longue résistance, elle obtint une capitulation.

Le Dauphin, devenu roi de France sous le nom de Charles VII, reprit la ville d'assaut et lui fit grâce du sac et du pillage; il fit cependant pendre tous ceux qui firent résistance dans le château.

Il est peu d'époques de notre histoire où Montereau, comme point stratégique de la plus grande importance, n'ait vu de nombreux combats; le dernier fut celui livré par Napoléon dans la nuit du 17 au 18 février 1814.

Les alliés occupaient, en avant de Montereau, sur la route de Paris, dans la forêt de Valence, une forte position; le général Pajol, parti à la tête de sa division du Châtelet, à la pointe du jour, fut chargé de refouler la cavalerie wurtembergeoise; ce qu'il fit vigoureusement, d'abord avec vingt pièces d'artillerie puis par des charges de cavalerie énergiquement conduites.

Pendant que le mouvement rétrograde de l'ennemi s'opérait, le duc de Bellune arrivait au pas de course jusqu'au pied des hauteurs de Surville, prenant ainsi par derrière et en dessous la position des alliés.

Le général Château, officier jeune et plein de feu, à la tête de quelques escadrons de cavalerie légère, poussa même jusqu'au pont de la Seine, sabrant tout ce qui lui résistait. Un instant encore, et le pont allait être occupé; malheureusement Château tombe percé d'une balle, et sa chute occasionne quelque irrésolution dans la brigade française. Ce moment d'hésitation sauva l'armée ennemie. La division Duhemme, la réserve de Paris, commandée par le comte Gérard et Napoléon lui-même, arrivaient en ligne; l'ennemi, cerné dans un réseau de fer et coupé dans sa retraite, eût été forcé de mettre bas les armes.

Le général Delort, à la tête d'une colonne de cavalerie, fit une charge à fond sur l'armée wurtembergeoise, et arriva jusqu'au faubourg occidental de Montereau.

Les Austro-Wurtembergeois, alors débordés et culbutés, se précipitent des hauteurs de Surville dans le défilé formé par ces hauteurs et la Seine; ils s'y entassent comme dans un entonnoir. La fusillade du gros de l'infanterie française, les batteries du général Digeon, qui arrivaient en ce moment sur la crête du coteau, les boulets, la mitraille, les charges de cavalerie sur les flancs, le concours des habitants de Montereau, qui tiraient sur les fuyards, tout contribua à faire de ce combat une boucherie.

Que fût-il arrivé si le pont eût été occupé, comme l'empereur l'avait ordonné, comme Château avait été sur le point de l'exécuter? la France était peut-être sauvée.

L'étoile de Napoléon avait pâli; son génie était le même, mais une balle perdue, frappant fatalement au cœur un de ses lieutenants, au moment décisif, avait suffi pour faire avorter ses hautes combinaisons.

La chute de l'empire a sans doute tenu à cette balle, tirée peut-être par le plus mauvais soldat de l'armée wurtembergeoise.

A petite cause les grands effets.

Ces scènes de carnage et de guerre qui, pendant plusieurs siècles, se sont succédé sur le sol de Montereau, détrempé de sang, attirent exclusivement les méditations du voyageur : il ne lui reste qu'inattention et indifférence pour les autres objets que la ville peut offrir à sa curiosité; je veux parler notamment de la magnifique manufacture de porcelaine opaque dirigée par M. Lebeuf, représentant du peuple, autrefois possesseur, à Brunoy, de la propriété Talma, depuis acquéreur du domaine des Gontaut-Biron, à Montgermont, près Fontainebleau, et par M. Gratien Millet notre honorable concitoyen d'Yères.

La manufacture de Montereau est, certes, dans sa spécialité, la rivale la plus dangereuse des manufactures anglaises, qui seules eurent si longtemps le monopole du bon marché et de la perfection en ce genre.

Il y a cinquante ans à peine, nos paysans mangeaient dans des vases de bois, et tous n'en avaient pas, car on se les prêtait, témoin cette vieille chanson : *Rendez-moi mon écuelle de bois*. Maintenant l'obole du pauvre lui suffit pour se procurer le luxe et les jouissances de la porcelaine inaltérable au feu que produit Montereau ; la France et l'étranger en sont inondés à des prix miraculeusement bas.

Cette gloire, toute modeste et toute pacifique, vaut bien celle que procure la guerre ; au moins, s'il y a des pots cassés, le peuple n'en paye pas aussi cher les frais.

Je préfère, à l'épée de Jean-sans-Peur, la plus chétive écuelle de M. Leboeuf, avec d'autant plus de raison que les méchantes langues disent tout bas que ce n'est qu'un sabre de bois.

CHAPITRE XXXII.

PONT-SUR-YONNE.

Pigagniol de la Force, qui écrivait en 1733, s'exprime ainsi sur lui :

« Pont-sur-Yonne, moderne, très-peu de chose. »

Que puis-je en dire de plus, si ce n'est que le pont qui lui donne son nom, est tellement escarpé qu'on regrette de ne pas traverser l'Yonne à gué, que ses rues sont si tortueuses, étroites et montueuses, qu'il y aurait moins de danger à descendre le Simplon?

J'aime à croire que Pont-sur-Yonne est un paradis terrestre, car le chemin qui y conduit est bien ardu!

CHAPITRE XXXIII.

SENS.

On a fait de très-longues dissertations sur l'origine de Sens, qu'on s'est plu à faire remonter à des temps fabuleux ; comme je n'ai rien trouvé de bien positif dans les traditions qu'on invoque, je les passe sous silence et arrive tout d'abord aux faits que l'histoire a consacrés.

L'an de Rome 364, les Gaulois sénonais firent irruption en Italie, sous la conduite de Brennus; ils prirent Rome, et n'échouèrent devant le Capitole que parce qu'une sentinelle endormie, fut réveillée par le cri d'une oie.

En mémoire de cet échec, à Sens et dans tous les environs, on tirait tous les ans une oie vivante, soit au bâton, soit au sabre ; à Rome, au contraire, on portait respectueusement sur un brancard richement orné une oie également vivante, et un chien ignominieusement pendu à une potence.

Pendant plusieurs siècles les Gaulois sénonais firent trembler l'Italie et la Grèce. Plusieurs de leurs innombrables armées laissèrent des colonies, soit dans l'Insubrie, où ils bâtirent Milan, Brescia, Vérone et autres villes, soit dans la partie de l'Asie-Mineure qui, depuis et à cause d'eux, fut appelée Gallo-Grèce, ou Galatie.

Avant la conquête des Gaules par César, Sens paraît avoir eu des rois; Paris alors n'existait pas, ou n'était qu'à l'état d'un modeste hameau peuplé d'un petit nombre de pêcheurs; Sens, au contraire, était déjà la brillante métropole d'un vaste pays : le niveau de la République romaine et l'extension démesurée de Paris ont absorbé depuis l'importance de Sens.

Moristasgus, roi de Sens, fut déposé par César et remplacé par Cavarinus.

Une inscription trouvée en 1652 dans le vieux cimetière d'Alise, prouve que Moristasgus fut divinisé après sa mort. Plusieurs auteurs rapportent cette inscription textuellement, notamment Maillard de Chambure.

Le nom de Brennus qui vient du mot celtique Brenn, signifie lui-même roi : sa racine se retrouve dans beaucoup de noms de rivières ou de villages sénonais, tels que Braunay, Bray, Brion, Brienon, la Brenne; Brunoy même, d'après l'abbé Lebœuf, aurait la même étymologie.

Enfin, Sébastien Rouillard rapporte qu'au temps de Domitien, la ville de Sens avait pour roi Mesyas, qui avait une compagne du nom de Ganna.

Dans ce dernier nom ne trouverait-on pas l'origine de celui de Ganne, qui s'applique encore à une foule de tours et de ruines que les antiquaires et les chronologistes ne sont jamais parvenus à classer (1) ?

Les commentaires de César prouvent, que nulle part dans les Gaules, il ne trouva autant de résistance à la domination romaine, autant de courage militaire et d'indépendance que parmi les populations sénonaises.

Elles finirent par se soumettre, et le firent alors noblement, sans réserve, et restèrent fidèles à leurs engagements ; ce qui l'indique, c'est qu'au temps de Julien l'Apostat, et sous les ordres de ce prince, la ville de Sens eut à soutenir contre les Francs, un siége qui dura trente jours, pendant lesquels il se fit, par les habitants et la légion romaine que commandait Julien, des prodiges de valeur et de dévouement. Les Francs furent obligés de se retirer, en laissant les fossés de la ville comblés des cadavres de leurs plus vaillants soldats.

Ce ne fut que vers l'an 482 que Clovis, premier roi chrétien, chef des Francs, fit la conquête de toutes les Gaules et particulièrement de Sens, qui depuis lors est toujours resté sous la domination française.

(1) Voir l'abbé Lebœuf.

Clotaire, voulant enlever la Bourgogne aux fils de Thierri, envoya l'un de ses généraux, Blidebodes, pour assiéger Sens, dont les habitants se montrèrent en cette circonstance, braves et intrépides comme toujours.

C'est à ce dernier siége que se passa un fait qui fut considéré comme un miracle, mais qui peut recevoir une explication toute naturelle.

Vers la fin du siége, alors que les défenseurs de la ville commençaient à désespérer de résister plus longtemps, saint Loup, évêque de Sens, convoqua, au son d'une grosse cloche appelée Marie, dont il avait doté son église, tous les habitants à des prières qu'il voulait adresser au ciel pour obtenir la délivrance de Sens. Le son de cette cloche inspira tant de terreur aux assiégeants, qu'ils s'enfuirent avec précipitation, laissant tous leurs engins et machines de guerre.

Il est vrai de dire que c'était pour la première fois qu'il était fait usage d'une cloche, et que les sons vibrants et pénétrants qu'elle rendait, arrivant à travers les airs, d'une manière inattendue, aux oreilles de peuples sauvages, étaient bien de nature à leur inspirer une terreur superstitieuse.

Les Sarrasins, les Normands firent aussi successivement, et à deux reprises différentes, le siége de Sens, et échouèrent. Saint Ebbon, archevêque de Sens lors du premier de ces siéges, fit lui-même des sorties à la tête des habitants, et battit complétement les Sarrasins en rase campagne.

Sens a presque toujours suivi les mêmes phases et subi les mêmes malheurs que Melun, dans toutes les guerres de notre histoire; il a néanmoins couru un danger tout spécial, qu'une sédition populaire faillit attirer sur la ville.

Le 24 avril 1474, le duc de Bourbon, seigneur de Beaujeu, sur l'ordre formel de Louis XI, se présenta inopinément devant Sens, à la tête d'une armée de trente mille hommes, avec mission de raser la ville et d'y mettre tout à feu et à sang.

La colère du roi avait été excitée par une cause d'abord bien futile, mais qui avait promptement dégénéré en une grave sédition.

Vers le mois d'août précédent, quelques bourgeois se livraient, près du puits de Saint-Romain, au jeu de lacquemain, autrement dit de la main chaude, le patient était un artisan du nom de Garnier Croullant, lorsque vint à passer un nommé Eudes Bouquot, apothicaire, qui, ayant cru pouvoir frapper dans la main de notre artisan, se trouva pris au jeu, et croyant au-dessous de la dignité de sa profession de se prêter à tendre lui-même la main, s'enfuit; on le poursuit, on s'obstine, la populace prend fait et cause, gronde, menace et enfonce les portes; les magistrats surviennent, leur autorité est méconnue, plusieurs mutins sont emprisonnés, puis relâchés par la populace.

Le roi, ayant trouvé que les magistrats n'avaient usé que mollement de leurs pouvoirs, les fit arrêter, et conduire au château de Vincennes, où plusieurs moururent. Cet acte de sévérité ne fit qu'augmenter la sédition ; c'est alors que Louis XI, pour en finir, dans un de ces accès de colère que la résistance à ses droits et à son autorité ne manquait jamais d'exciter, envoya pour châtier les Sénonais, le seigneur de Beaujeu.

Grande fut la frayeur des habitants paisibles, quand les bannières royales apparurent sous les murs de la ville ; l'archevêque et les notables se rendirent en toute hâte au devant du duc de Bourbon, pour lui présenter les clefs et faire acte de soumission. Ils étaient accompagnés de toute la population fondant en larmes et en sanglots, car on s'attendait aux plus cruelles extrémités.

Le prince en fut touché, il alla faire sa prière à l'église métropolitaine et pardonna ; des lettres-patentes d'abolition furent obtenues le 15 juin 1474.

En mars 1590, Henri IV en personne vint mettre le siége devant Sens ; il battit le mur d'enceinte avec neuf canons de fort calibre près de la porte Formeau, et y fit une large brèche ; mais trois assauts successifs n'ayant pu vaincre la résistance des Sénonais, Henri IV passa outre et marcha sur Paris.

Ce ne fut qu'après l'abjuration du roi, que Sens se rendit.

Une des rues voisines de la porte Formeau est encore désignée maintenant, sous le nom de rue de la Brèche.

Puisque je viens de parler de mur d'enceinte, je dois dire que Sens est, de toutes les villes de France, celle qui a conservé jusqu'à nos jours, avec le plus de soin, ces vieux vestiges des vertus guerrières de nos pères ; malheureusement depuis quelques années la sape et la mine font des brèches irréparables à cette belle enceinte, qui en 1814 était encore entièrement intacte.

Les murailles qui la forment, d'une maçonnerie gallo-romaine, sont d'une grande épaisseur et d'une solidité à toute épreuve ; les premières assises sont formées de pierres taillées, d'une forte dimension ; au-dessus se trouve un corps de maçonnerie d'environ quatre mètres de hauteur, dont le parement est formé de petits pavés carrés d'environ dix centimètres, séparés de distance en distance par des cordons en briques.

Ces murs sont flanqués de fortes tours.

Il y a lieu de croire que cette enceinte a été construite vers le moment de l'établissement du christianisme dans les Gaules, car la plupart des fortes pierres de taille de la première assise, portent sur la face intérieure, des inscriptions romaines, des figures et débris de divinités du paganisme, des fragments de colonnes et de chapiteaux ; cette année j'ai reconnu moi-même, dans l'une de ces assises, les débris d'une colonne cannelée d'ordre corinthien.

Tout porte à croire que ces pierres proviennent de la démolition de temples et de monuments du paganisme.

L'abbé Lebœuf a remarqué lui-même que dans beaucoup d'autres villes, la même particularité s'est produite.

Les fossés étaient fort larges et profonds. Les eaux de la Vanne les remplissaient.

Le collége de Sens est bâti sur partie du mur d'enceinte ; il est criblé de profondes entailles, faites, en 1814, par les bombes et les boulets de l'armée wurtembergeoise.

Le général Alix fut chargé de la défense de Sens ; il en mura les portes, et s'y fût enseveli sous les ruines de la ville, si une poterne du collége n'eût été livrée par un traître, qui fut cause du massacre des troupes préposées à la garde de cette partie des remparts.

Ce collége a été fondé en 1537 par un chanoine de la cathédrale. Il fut donné aux jésuites en 1633.

L'église métropolitaine de Sens est une des plus anciennes de France ; l'archevêque porte le titre de primat des Gaules, d'où l'on pourrait tirer la conséquence que le christianisme fut établi à Sens et dans les vastes pays dont cette capitale était la métropole, dès avant l'établissement de la domination romaine; cependant, comme ce ne fut pas sans une vive opposition que la religion chrétienne s'implanta dans les Gaules, que de nombreux martyrs furent victimes de leur zèle religieux, qu'à Sens même saint Savinien périt de deux coups de hache, que saint Potentien et saint Serotin, tous deux évêques de Sens, payèrent de leur sang leur attachement à leur religion, on doit croire que la cathédrale ne fut fondée que lorsque Clovis eut définitivement fait prévaloir la religion chrétienne.

Plusieurs fois cette église, dédiée à saint Etienne, fut incendiée; enfin saint Anastase jeta, en 972, les premiers fondements du vaste édifice que nous voyons maintenant.

Il fut près de 900 ans à être achevé. En 1793, les dévastateurs révolutionnaires brisèrent ses statues, ses ornements architecturaux, ses chaires, ses bas-reliefs, et partie de ses vitraux, dont quelques-uns cependant étaient dus à Jean Cousin, natif de Soucy, près de Sens; ils violèrent les nobles sépultures du Dauphin, des Sallazar, des Duperron, des Duprat, des de Luynes. Les traces de ces profanations se remarquent encore. La plupart des saints qui ornent les niches extérieures de l'église sont décapités et mutilés.

L'histoire traite de barbares les anciens Gaulois,

qui, eux au moins, savaient créer des merveilles comme la cathédrale de Sens ! comment doit-elle traiter les héros de la civilisation et de la philosophie du dix-huitième siècle, qui mettaient leur gloire à détruire ce que leurs pères avaient fondé ?

J'ai parlé du tombeau du Dauphin, fils de Louis XV et père de Louis XVI, mort à Fontainebleau le 20 décembre 1765, âgé de 36 ans. Ce monument est un des plus beaux qui soient sortis du ciseau de la sculpture française ; il est dû à Guillaume Coustou fils.

La première statue du groupe qui le compose est celle de l'amour conjugal ; il est dans l'abattement, son flambeau est éteint, il laisse tomber ses regards sur un enfant, qui brise les anneaux d'une chaîne entrelacée de fleurs, symbole de l'hymen ; le temps a déjà couvert de son voile funéraire l'urne du prince, il se dispose à l'étendre sur celle qui alors était destinée à la princesse sa veuve. Ces deux urnes sont liées ensemble par une guirlande d'immortelles ; le génie des sciences et des arts regrette le bonheur et pleure les exemples que la terre a perdus ; l'immortalité forme un faisceau des attributs symboliques des vertus dont le Dauphin et la Dauphine furent les modèles ; la religion enfin, pose sur leurs urnes une couronne d'étoiles, symbole des récompenses célestes destinées aux vertus chrétiennes.

Dans ce mausolée, on remarque de la grandeur, de

la noblesse, une majestueuse douleur : au jugement des connaisseurs, l'antiquité n'a rien de plus correct que la statue de l'Hymen.

Coustou mourut immédiatement après avoir achevé son œuvre; il n'eut pas même le plaisir d'en voir les différentes parties montées sur place.

En 1793, les restes du dauphin et de la dauphine furent arrachés de leur sarcophage, puis jetés dans une fosse du cimetière commun. Ce ne fut que longtemps après qu'une main amie les en retira, pour les réintégrer dans la cathédrale.

Cette métropole possède deux énormes bourdons du nom de Savinien et de Potentien, l'un pesant 35,600 livres et l'autre 33,900 livres. On croit généralement que la cloche appelée Marie, qui fit fuir, épouvantés, les soldats de Clotaire, a été fondue plusieurs fois depuis, et qu'elle fait maintenant partie du bourdon du nom de Savinien. Les sons de ces deux cloches sont d'une riche et puissante vibration; l'air, quand on les sonne, en éprouve comme des ondulations douces et harmonieuses.

J'aime mieux ces effets d'acoustique que ceux que produit, dit-on, l'une des cloches de Nankin, la plus grosse du monde entier, pesant de 120 à 125 milliers. Elle cause des secousses tellement violentes qu'elle casse les vitres, les porcelaines, fait tomber les cheminées, écrouler les murs, avorter les femmes et mourir les nouveaux-nés.

Rouen possédait également une cloche énorme, nommée la Rigault, d'où est venu le proverbe de *boire à tire-la-Rigault*, parce que les sonneurs consommaient monstrueusement de vin et de cidre quand ils la mettaient en branle, plus même que ne le comportait cet autre proverbe, *boire comme un sonneur*.

Un grand nombre de conciles furent tenus à Sens, notamment en 659, 670, 833, 853, 862, 780, 1048, 1080, 1140, 1198, 1239, 1252, 1256, 1269, 1320, 1429, 1461, 1485, 1528 et 1612.

Ce fut dans celui de 1140, qu'Abailard fut accusé par saint Bernard, pour ses opinions peu orthodoxes; on condamna ses principes, mais on ménagea sa personne.

Le pape, saisi de la question, corrobora la déclaration des évêques de France. Abailard se soumit alors, fit sa profession de foi, et vécut encore dix ans à Cluny, dans la retraite et la pénitence, suivant ce que rapporte Pierre de Cluny.

Quand il fut mort, Héloïse obtint la remise de ses dépouilles mortelles, ainsi que j'ai eu l'occasion de le dire dans l'article de Melun.

CHAPITRE XXXIV.

SUITE DE SENS. — VILLE DE BRUIT.

J'allais quitter Sens et oublier de parler d'un usage qui saute, sinon aux yeux, tout au moins aux oreilles de tous les voyageurs qui ont le malheur de visiter la ville au temps du carnaval.

Partout, en France, en Europe, jusque chez les sauvages du Nouveau-Monde, quelques jours de l'année sont consacrés à la folie; en tous lieux des pasquinades, des jongleries, des mascarades, sont les joyeux symptômes que l'épidémie carnavalesque promène sur l'humanité en liesse.

A Sens, elle procède autrement, elle s'annonce comme chez les anciens, aux fêtes de Bacchus, de Mars et de Jupiter par un infernal tintamarre de deux mille tambours et plus, tympanisant, battant, crépitant sur tous les tons que peut affecter ce nouveau vase d'airain imité de celui des prêtres saliens.

Nulle part je n'ai entendu des talents aussi éminents sur le tambour.

Schennecerf, l'inimitable Schennecerf de l'Opéra, le roi des timbaliers, eût brisé son instrument, s'il eût entendu le dernier gamin de Sens, s'escrimant sur la caisse ; et cependant, Schennecerf, quoiqu'il fût, et peut-être parce qu'il était simple timbalier, n'avait pas de rivaux comme musicien, dans l'orchestre de l'Académie royale de musique ; son chien même était musicien, je l'ai vu, entendu donnant le *la* du diapason, avec une admirable précision ; qui sait s'il n'a pas suggéré quelques inspirations à son maître pour la composition du charmant opéra des filets de Vulcain qu'on doit à ce dernier.

Mais quittons Schennecerf qui est mort, au grand regret des amis de l'art, et revenons au talent des habitants de Sens, qui est encore tout vivace, bien qu'il décline insensiblement chaque année.

Biboquet doit être né à Sens.

Brillat Savarin a dit qu'on naissait cuisinier, qu'on devenait rôtisseur ; tout Sénonais naît évidemment tambour-maître.

Il n'est pas une maison qui n'ait sa caisse, grosse ou petite.

Je crois pouvoir affirmer qu'il y a trente ans à peine, celui qui n'eût pas su brûler la peau d'âne, eût été ignominieusement chassé de la cité, comme un crétin absolument inapte à quoi que ce soit; plébéiens, bourgeois, magistrats, grands seigneurs, hommes, femmes, tous à l'envi, parcouraient la ville et les promenades, faisant le plus épouvantable vacarme qu'il soit donné aux oreilles humaines de supporter.

Avant d'envoyer un sous-préfet à Sens, le ministre de l'intérieur était forcé de s'enquérir s'il maniait proprement les baguettes.

Heureusement que les mœurs se sont adoucies, autrement, le gouvernement provisoire n'eût pas manqué d'envoyer un tambour-major pour commissaire à Sens.

La première fois que je visitai cette ville (il y a déjà longtemps), j'arrivai de nuit, c'était un lundi gras, je m'étais promis quelques plaisirs; ô inanité de nos calculs et de nos espérances! Le lendemain, au petit jour, je fus réveillé par un bruit immense, je crus entendre les éclats du tonnerre du *Festin de Balthazar,* le tintement lugubre des cloches Marie, Potentien et Savinien, les neuf gros canons de Henri IV, les batteries du prince de Wurtemberg, le roulement de Santerre, je crus même un instant à un tremblement de terre, puis les sons devenant plus distincts, je me figurai que tous les tambours réunis des armées d'une nouvelle coalition préludaient à l'entrée triomphale des empereurs et rois de l'Europe conjurée, je m'apprêtais pour le moins à être passé au fil de l'épée, comme appartenant à cette noble partie de l'espèce humaine qui, dans un assaut, est inévitablement réservée aux douceurs de la chose; j'allai trouver mon hôte, armé jusqu'aux dents; c'est alors que j'appris le goût immodéré de ses concitoyens pour le tambour, ce fut là le seul moment de jouissance que j'éprouvai pendant tout mon voyage; j'étais débarrassé d'un épouvantable cauchemar, le son du tambour me parut un instant agréable, seulement on me prodigua trop ce plaisir; deux jours après, en rentrant chez moi, j'étais littéralement sourd.

D'où peut venir l'usage dont je parle? Il se retrouve à Joigny, à Auxerre et dans une zone de cinq lieues de large, le long de la route de Lyon; il ne dépasse heureusement pas ces limites.

Ne serait-il pas l'un des derniers vestiges des jeux saliens institués, comme on sait, à Rome, en l'honneur des corybantes qui, sur les prières maternelles de Cybèle, parvinrent à soustraire Jupiter à la férocité de Saturne, en frappant sur des bassins d'airain pour empêcher les cris de l'enfant de parvenir aux oreilles de son père?

Je suis tenté de le croire, beaucoup de nos vieilles coutumes, un grand nombre même des cérémonies du culte catholique, ont pour origine incontestable, d'anciens rites de la religion païenne.

Serait-il, au contraire, un reste des habitudes guerrières des Sénonais? Cette hypothèse n'est pas inconciliable avec la première.

Enfin, ne dériverait-il que de la nécessité d'utiliser les dépouilles des innombrables ânes que la culture des vignes accumule en Bourgogne?

S'il en était ainsi, je dirais comme le fabuliste que, si l'espèce rend d'éminents services pendant sa vie, elle fait beaucoup trop de bruit après sa mort.

Je dirais aux Sénonaises, si belles qu'elles soient (Cybèle), qu'elles ont tort d'adopter le tambour, que les méchants pourraient croire qu'elles ont quelque chose à cacher à leurs maris et intérêt à les étourdir.

Le chapitre de Sens a toujours repoussé la musique profane de la cathédrale, par respect pour les traditions religieuses du passé. Nulle part le plein-chant n'est aussi harmonieusement chanté, les magistrats de la cité devraient bien, pour le repos du présent, proscrire le tambour.

Les environs de Sens sont des plus curieux, ils offrent des souvenirs historiques palpitants d'intérêt. Sainte-Colombe, Mâlay, Saint-Martin du Tertre, La Chapelle-Saint-Bond, Noslon, Theil, ancien palais des rois de France, Villers-Louis, lieu d'une bataille sanglante, et tant d'autres offriraient une mine féconde qu'il ne m'est point donné de fouiller. Je laisse à d'autres le soin d'en explorer les richesses.

Je ne me suis déjà que trop longtemps laissé aller au plaisir de conter et à l'entraînement du chemin de fer, il faut serrer les freins.

POSTFACE.

J'ai eu quelque plaisir à écrire.

Que mes lecteurs en aient quelque peu à me suivre.

Que mes concitoyens de Brunoy surtout, soient contents.

Je n'étends pas plus loin le domaine de mon ambition littéraire.

FIN.

TABLE DES MATIÈRES.

	Pages.
AVANT-PROPOS.....................................	1
CHAPITRE Ier. Origine de Brunoy..................	5
— II. Description du château seigneurial de Brunoy.........................	9
— III. Tableau chronologique des seigneurs de Brunoy. — Droits attachés à la seigneurie de Brunoy.........................	15
— IV. Incendie du château seigneurial de Brunoy. — Siège de Paris.....................	21
— V. Pâris de Montmartel.....................	25
— VI. Le marquis de Brunoy. — Ses folies......	35
— VII. Fête donnée à Marie-Antoinette. — Bodey..	49
— VIII. Église de Brunoy ; Jean Guillou, saint Roch et saint Médard......................	59
— IX. Les Beausserons. — Leur origine.........	65
— X. Thérésia. — Fatalité...................	69
— XI. Croix de Villeroy. — Obélisque. — Forêt de Senart. — Henry IV. — Brisson. — Meunier Michaud...........................	85
— XII. Gerbier...........................	95
— XIII. Martin. — Legendre. — Talma. — Ribbing Frédérikson. — Assassinat de Gustave III...	101
— XIV. Bertrand	109

Chapitre XV. Véro... 119
— XVI. Cullerier, — Médecin des capucins....... 125
— XVII. Viaducs du chemin de fer de Lyon. — Pont de Brunoy.............................. 127
— XVIII. Vallée d'Yères. — Le camp des Lorrains. — Guerres de la Fronde.................. 133
— XIX. Yères, marquis de Mandat. — Budé Borel. — Abbaye — Camaldules. — Hippolyte Monpou................................. 147
— XX. Grosbois. — Berthier, prince de Wagram.. 161
— XXI. Château de Lagrange.................... 165
— XXII. Épinay. — Les trois générations des Berryers. 175
— XXIII. Bussy-Saint-Antoine. — Tronçon Ducoudray. — Duc d'Aumont...................... 179
— XXIV. Gercy. — Abbaye. — Mesdames de Lusignan. 185
— XXV. Boïeldieu. — Comte d'Anthouard........ 215
— XXVI. Bercy. — Conflans. — Charenton. — Alfort. — Maisons. — Ivry-sur-Seine. — Villeneuve-Saint-Georges. — Quincy et Combes-la-Ville. 217
— XXVII. Lieusaint. — Lesurques, erreur judiciaire. 227
— XXVIII. Melun. — Prison centrale. — Travail libre, assistance................................. 231
— XXIX. Abbaye du Lys......................... 250
— XXX. Fontainebleau........................... 252
— XXXI. Montereau Faut-Yonne................. 255
— XXXII. Pont-sur-Yonne....................... 263
— XXXIII. Sens................................. 265
— XXXIV. Suite de Sens. — Ville de bruit. — Ses environs................................. 277
Postface... 282

FIN DE LA TABLE.

www.ingramcontent.com/pod-product-compliance
Lightning Source LLC
Chambersburg PA
CBHW050629170426
43200CB00008B/936